心に響く

入学式・卒業式のスピーチ

大泉書店

心に響く

入学式・卒業式のスピーチ

1章 スピーチに臨む前に

2章 入学式のスピーチ

入学式

幼稚園・保育園

実例

小学校

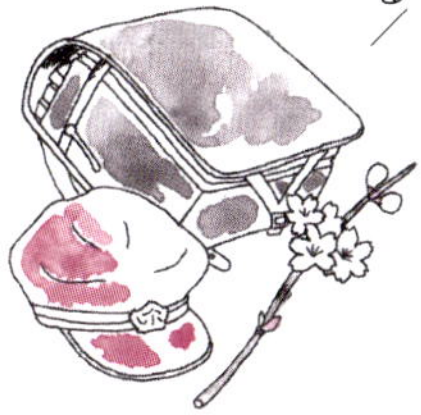

入学式

中学校

高等学校

そのほか、話題選びのヒントに

3章 卒業式のスピーチ

幼稚園・保育園

実例

小学校

中学校

高等学校

卒業式

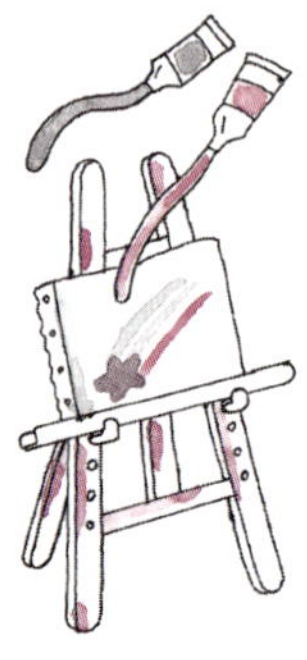

4章 謝恩会のスピーチ

実例

謝恩会

幼稚園・保育園

小学校

謝恩会

中学校

高等学校

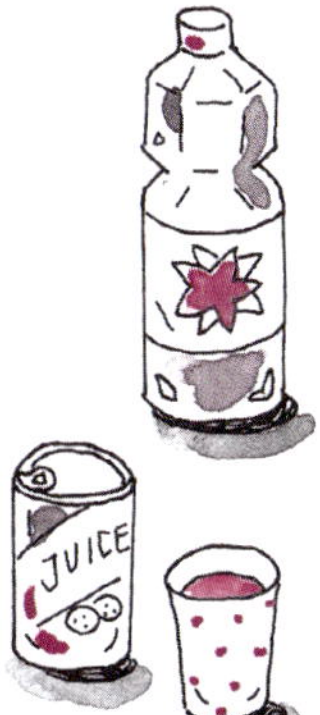

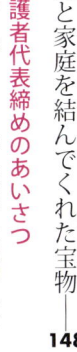

5章
言葉選び・話題探しのヒント

Column

1章

スピーチに臨む前に

基本的な心構え

―スピーチする人がもっとも大切にすべきこと―

感動をもたらすスピーチ、心に残るスピーチをするためには、まずどのようなことを心がけるべきか考えましょう。

思い出に残る、心に響く言葉を

入学式と卒業式は、数ある学校行事のなかでも、もっとも大切な式典です。そのような場でのスピーチには、日常会話にはない特別な意味合いや重みがあります。

自分の若い頃を振り返ってみたとき、卒業式の祝辞で聞いた何気ないエピソードから、学校生活で得た宝物に改めて気づかされた、あるいは、入学式で紹介された偉人の名言に感銘を覚え、大人になった今でも何かにつけて思い出される、という人もいるでしょう。

そのように、誰かの人生に強い影響を与えるような場面でのスピーチですから、聞く人の心に誠意や熱意が伝わるように話したいものです。

主役はあくまでも入学生・卒業生

それでは、どのようにすれば聞く人の心に残るようなスピーチができるのでしょうか。

まず、常に念頭に置いておくべきこと、それは、主役は大人たちではなく、入学生や卒業生だということです。そして、そんな彼らに、心を込めてメッセージを贈ることがスピーチの基本になります。

当然、最初に伝えるのは、祝福の気持ちでしょう。さらにそこに、自信や元気、決意や希望をかきたててあげるような話を盛り込みながら、より充実したスピーチにしていきます。この本質を忘れないようにすることが、心に残るスピーチの第一歩となります。

背伸びをする必要はない

次に大切なことは、無理に背伸びをしないことです。厳粛な場でのスピーチだからと、堅苦しくて難解な言葉を使ったり、あるいは、ためになる話をしようという思いが強すぎて、偉そうな説教や自慢話になってしまったり……。

「自分が恥をかきたくない」という

気持ちが強くなりすぎて背伸びをしてしまうと、逆に歓迎されない結果を招くこともあります。

もちろん話し方の技術や内容は重要ですが、形式を整えること以上に「心を込めること」が大切だということを、忘れてはいけません。

式典の品位を壊さない配慮も大切

スピーチには、元気な口調や親しみやすいエピソードで盛り上げ、場に明るさをもたらすような方法もあります。

その場合、くだけすぎた表現をして、式典の品位まで壊してしまわないようにする配慮が必要です。

あまり難しく考える必要はありませんが、軽薄、下品、粗暴、皮肉など、聞いて不快に思う人がいるかもしれない話題を避けることと、ふだんていねいに話すときと同じような言葉づかいをすること。

その二点に気をつけることが、やわらかい雰囲気のスピーチをする場合の大切な注意点になります。

頼まれたらチャンスだと思って

一般的に、人前で話すことが苦手だという人は少なくありません。

しかし、どうやって無難にこなすかという消極的な姿勢では、聞き手の心に届かないスピーチになってしまいます。

スピーチを頼まれるということは、未来を担う子どもたちに対して、自分なりのメッセージを発信するチャンスが与えられたということです。

このチャンスに、自分の誠意や熱意、あるいは願いをできるだけわかりやすく伝えたいという、積極的な姿勢で臨みましょう。

スピーチの基本的な心構え 5つのポイント

1. 誠意や熱意を込めて話す。
2. 主役は入学生や卒業生であることを常に念頭に置く。
3. 無理に背伸びをして、堅苦しくて難しい表現をしない。
4. 親しみやすい雰囲気で話す場合にも、式典の品位を壊さないように注意する。
5. 人前で話すのが苦手だという気持ちに負けずに、積極的な姿勢で臨む。

姿勢と話し方

― 好感を持たれるスピーチのテクニック ―

一説によると、人の印象の大部分は外見と話し方で決まってしまうとも言われています。態度や話し方への気配りは欠かせません。

スピーチに必要な三拍子とは

スピーチは、話すときの態度や話し方によって、印象が大きく変わります。話の内容さえよければいいというものではありません。

共感を呼ぶ内容、好ましい態度、そして聞き取りやすい話し方。この三拍子がきちんとそろってこそ、よいスピーチと言えるのです。

基本的な立ち方は、背筋を伸ばして肩の力を抜き、両足に重心を乗せます。前かがみになったり、演壇の机に手をついたりしないように気をつけましょう。また、原稿を見ながら話す場合でもなるべく顔を上げ、会場全体に目を向けるようにします。

話し方や表情にメリハリをつける

手元の原稿や暗記してきた内容の棒読みでは感情が伝わりにくく、聞き手の興味も薄れてしまいます。

聞き手の関心をひきつけるには、メリハリをつけ、適切に間を取ることが重要です。たとえば話題が変わるときや問いかけのあとなどには、一呼吸おくことで、聞き手が話の内容についていきやすくなります。

表情も大切です。楽しい話の場面では笑顔で話し、驚いた場面ではちょっと驚いた表情をしたりすると、より感情が伝わります。

口調は、はっきりと明るく。緊張すると早口になりやすいので、一語一語聞き取りやすい発音をすることを心がけましょう。

礼（おじぎ）にも気配りを忘れずに

また、スピーチに気を取られすぎて、最初と最後の一礼がおろそかになってはいけません。

あごを引いて背筋を伸ばし、腰から四十五度に曲げ二秒ほど静止してゆっくり頭を上げる、これが正しい一礼です。会釈のようにちょこんと頭を下げたり、顔を前に向けたままあごを突き出すような礼にならないように気をつけましょう。

好感を持たれるスピーチの仕方と注意点

態度

1 まっすぐに立つ

背筋を伸ばしてまっすぐに立つ。重心は、片足に乗せたり、ふらふら左右に移したりしないように。また、手を腰に当てたり、顔や髪の毛を無意識にさわってしまうなどの癖にも気をつけて。

2 表情は自然に

表情がこわばっていると、聞き手にも落ち着かない気分が伝わるので、なるべく自然に。話の流れに合わせ、表情に変化をつけることができれば、より情感が伝わる。

3 礼（おじぎ）は腰から

背筋を伸ばして45度の角度で。背中を丸めたり、あごを突き出したりしない。

話し方

4 メリハリと間を取って

はきはきと明るい口調で、語尾まではっきり聞こえるように。棒読みにならないようメリハリをつけ、適切に間を取る。

5 マイクに顔を近づけすぎない

マイクと口の理想的な距離は、ハンドマイクなら15～20センチ、スタンドマイクでは30センチほど。スタンドマイクのときには、無理に口を近づけて背中が丸まらないように気をつける。

嫌われる話し方、タブー、マナー違反

—よいスピーチにするためにこれだけは避けたい—

誠意を込めて話をしたのに、印象を悪くする要素が入っていたせいで心に響かないものに……。そんなスピーチに気をつけて。

ひとりよがり、自慢話 だらだら続く話は厳禁

もっとも嫌われるスピーチとは、ひとりよがりな話になること。

若い人に人生のアドバイスを贈ることは大切ですが、自説とは違う考え方や感じ方があることに気づかないと、押し付けがましい説教になりがちです。

また、身近な例を話題にするとき、自分の成功談を持ち出すと、自慢話のように聞こえてしまうことが多くなるので注意が必要です。

だらだらと続く話も、嫌われるスピーチの典型。同じ話を何度も繰り返す、話題がいくつも続いてどこで終わりになるかわからない、などのスピーチでは、聞き手も飽きてしまいます。

押し付けがましい説教、自慢話、だらだら続く話にならないようにすることがまずは大切です。

難解な表現やタブーな 話題はないか確認を

このほか、難解な言葉や専門用語を使いすぎるのも禁物。知識自慢のように聞こえて嫌われるだけでなく、耳慣れない単語は、話の筋が追いにくくなる原因にもなります。

また、いくら言葉をかみくだいても、政治、宗教、思想の話題は基本的にタブー。主義主張を展開する場ではありません。

横柄、くだけすぎは ともにマナー違反

見下すような横柄な口調や態度を取ったり、くだけすぎた表現や流行語を連発したりするのはともにマナー違反。

いくら自分よりも年下の聞き手に人生のアドバイスをするにしても、偉そうな態度ではなく、謙虚なものでなければいけません。

逆に、親しみがあって共感しやすいスピーチにするつもりでも、あまりにくだけすぎた内容や話し方では、式本来のあるべき品格まで落としてしまうことになります。

これだけは避けたい スピーチのマイナス要素

❶ 押しつけがましい説教、自慢話

聞き手は自尊心を傷つけられないように、無意識に警戒しながら、あるいは聞き流すようにしながら話を聞くため、心に響く話になりにくくなる。

❷ 同じ話を繰り返す、いくつもの話題が延々と続く

スピーチは３分以内、400字詰め原稿用紙で３枚以内が目安。事前に、きちんと構成案を組み立てておくことが大切。

❸ 難解な表現、専門用語の多用

対象学年が高くなるほど、「この程度ならわかるだろう」と、難解な言葉を使ってしまいがちに。どこまで言葉をかみくだいて話をするべきか、原稿をつくるときにはしっかりチェックを。

❹ 政治・宗教・思想の話題

そのつもりがなくても、世相や社会問題を話題にするとき、つい言及してしまいやすいので注意が必要。

❺ 見下すような横柄な言動

横柄な言動は、話しかけられている新入生や卒業生だけでなく、ほかの出席者にとっても気持ちのよいものではない。

❻ くだけすぎた表現

式の品格を落とすだけでなく、若い人に迎合している印象を持たれかねない。親しみやすい雰囲気のスピーチでも節度を守って。

❼ 早口、間伸びした話し方

聞き手は内容を理解する以前に、聞き取るだけでもたいへん。口を大きく動かすように心がけると、早すぎず、遅すぎず、明瞭な発音がしやすくなる。

❽ 差別的な表現

人種や身体的特徴の差別はもちろんのこと、「父兄」「看護婦」など、現在では性差別表現として避けられつつある単語への配慮も忘れずに。

❾ 個々の立場を無視した発言

とくに卒業後の進路の話題を出すときは慎重に。

❿ 特定個人や団体への非難や攻撃

たとえ歴史上の人物であっても、個人を非難する話はしない。話に批判的な要素が入るときには、一般論程度に留めるのが無難。

⓫ 悲観的な話題

ネガティブな話題を使ったら、必ずフォローする話を入れ、全体は明るく前向きな内容に。

⓬ 名称や肩書きの間違い

人の名前や肩書き、固有名詞にはとくに気をつける。

誰に向けてどのような立場で話すか

―立場と目的を見極めることが大切―

場違いなスピーチにならないように、スピーチの準備をするときには、自分の立場、聞き手の立場をきちんと把握しておきましょう。

立場、聞き手、場をわきまえたスピーチを

入学式や卒業式のスピーチは、新入生や卒業生へのメッセージが中心になります。児童や生徒の年齢に応じた内容にしなければいけないことは言うまでもありません。

また、式には新入生や卒業生だけではなく、さまざまな立場の人が出席しています。礼儀上、そういった各方面への言葉を入れると、気配りの行き届いた好感の持てるスピーチとなります。

さらに、自分はどういう立場で式に立ち会っているのかも考えなければいけません。それによって、言い回しや内容なども、自分の立場からの発言としてふさわしいものにする必要があります。

このように、入学式や卒業式のスピーチでは、「話す本人の立場」「話しかける相手の立場」「児童や生徒の学年・年齢」の三つの要素それぞれに気を配ることが求められます。

校長、保護者は立場が明確

出席者の立場がいろいろあるなか、比較的、立場がわかりやすいのは校長と、新入生・卒業生、そしてその保護者です。

校長は、式挙行の責任者として招待客には出席のお礼を述べ、教育指導下にある新入生・卒業生には、お祝いとともに、学校の一員としての自覚を促す言葉をかけます。

新入生・卒業生は、集まってくれた人々への感謝と、自覚や決意を表明することが中心になります。

保護者は、自分たちの子どもへの心配りや世話に対して感謝の気持ちを表すことが中心です。

来賓は自分の立場をしっかりと自覚して

出席者のうち、とくに自分の立場を自覚することが大切なのが来賓です。なかでもPTA代表は、式の主催者側ではなく、来賓として招待されることがほとんどです。そのため、

スピーチを考える際の立場や関係の三大要素

話す本人の立場

- 校長
- 来賓
- PTA
- 在校生
- 新入生・卒業生
- 保護者

など

話す内容は自分の立場に応じて

- 公的な場でのスピーチなので、社会的立場を優先することを忘れずに。
- 自分の立場や年齢に見合った話し方で、風格と親しみやすさのバランスを取る。
- 主役（新入生・卒業生）と自分との関係を常に念頭に置く。

何を話すか

どのような言い回しを選ぶか

話しかける相手の立場

- 新入生・卒業生
- 学校関係者
- 保護者
- 来賓

など

児童や生徒の学年・年齢

- 幼稚園・保育園
- 小学校
- 中学校
- 高等学校

など

ゲストとしての立場から祝辞を述べることが基本となります。

　そのほかの来賓も、かつての恩師として招かれたのか、それとも地域の代表として招かれたのかなど、招かれるにあたっての肩書きがあるはず。なるべく招かれた意図をくんだ内容を盛り込みましょう。

　祝辞で気をつけたいのが、人生のアドバイスとなる話をするとき。訓示は、年齢や地位が上の者が、下の者に教え諭す言葉です。校長の話としては適切ですが、来賓の話としては、あまりふさわしくありません。

　もちろん来賓の立場でも、格言や名言、あるいは自分の経験を紹介しながら、人生の教訓となる話をすることに何も問題はありません。

　ただし、それはあくまで大人一般から若い人への助言やお願い、期待です。先生が指導するような話し方にならないように注意しましょう。

どの立場からどの立場へ、おもにどのような内容の話をするかを示しているのが下の図です。学年や式次第、校風などによって状況は異なるので、「これさえ入れればよい」「これは絶対に入れるべき」というものではありません。また、新入生・卒業生は、図をわかりやすくするために学校の枠外に出しています。

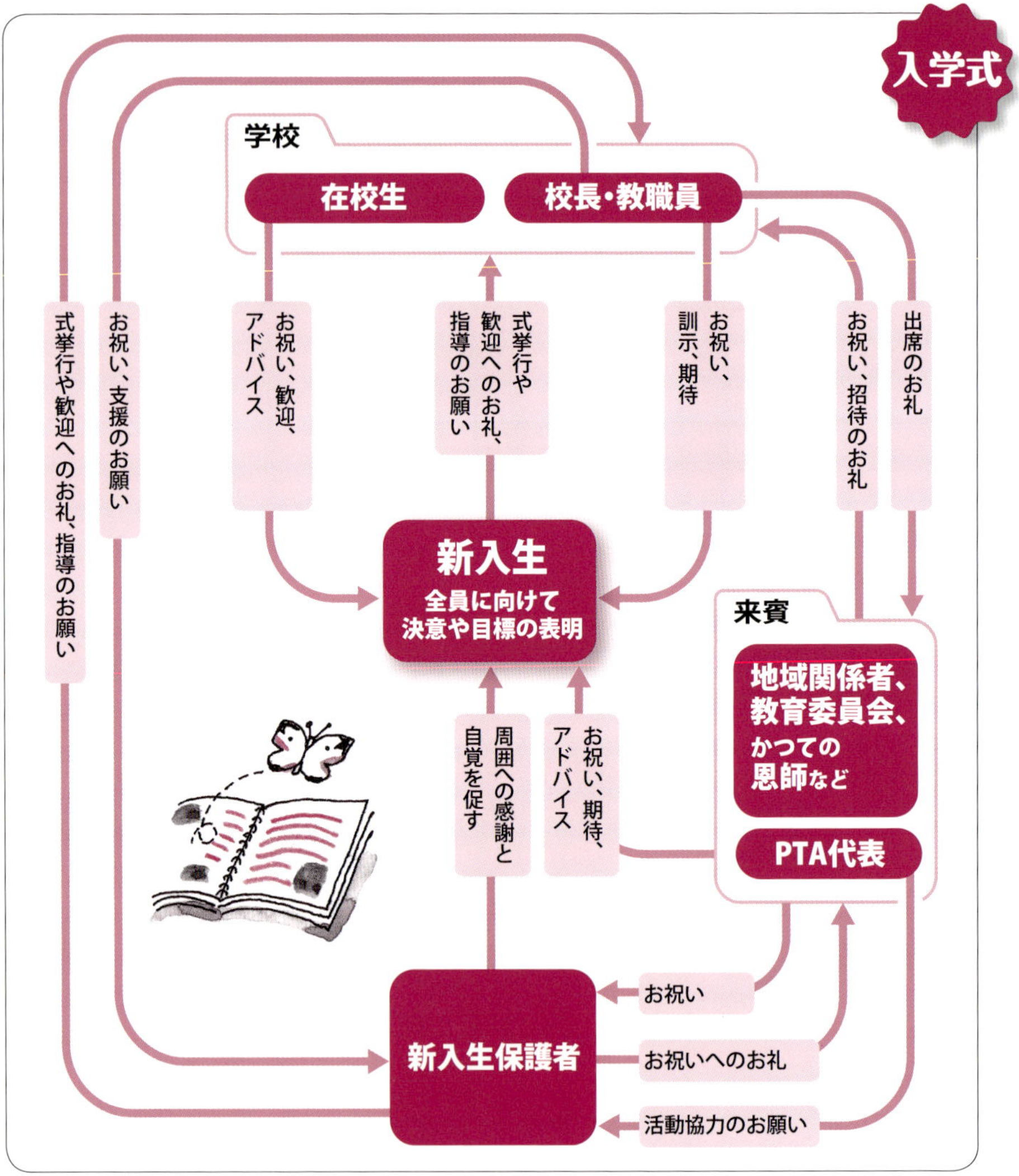

【見方の例】「PTA代表」→「新入生保護者」

「来賓」として〈お祝い〉を述べるとともに、「PTA代表」として〈活動協力のお願い〉をします。

入学式・卒業式の立場関係図

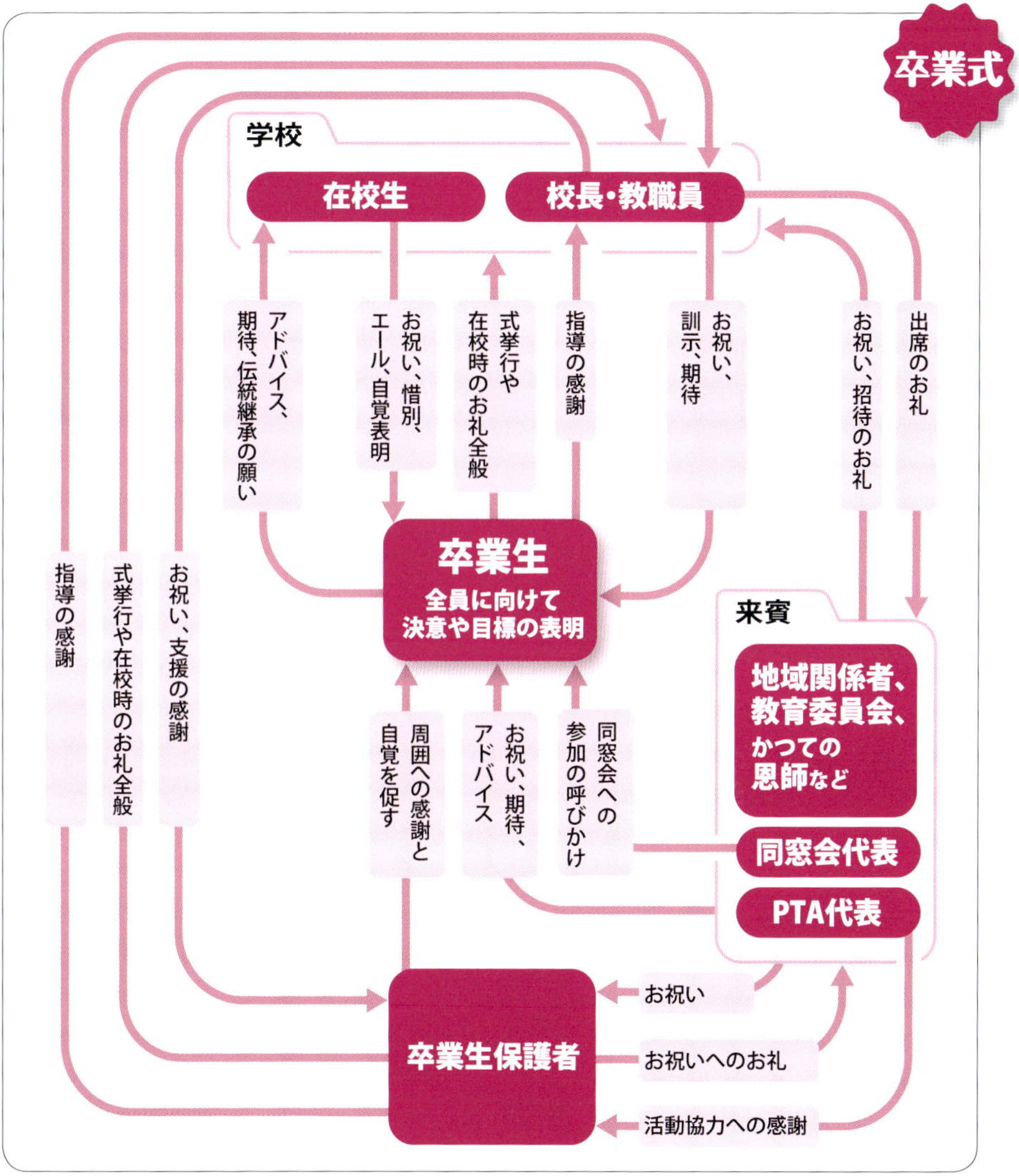

【見方の例】「同窓会代表」→「卒業生」

「来賓」として〈お祝い、期待、アドバイス〉を述べるとともに、「同窓会代表」として〈同窓会への参加の呼びかけ〉もします。

児童・生徒の年齢に応じた雰囲気と内容で

―聞き手が理解しやすいスピーチを心がけて―

それぞれの年代に合わせた内容と話し方で、聞いてもらえるようなスピーチにすることが大切。とくに言葉選びには十分、注意します。

園児には対話できるようなスピーチを

聞き手にとって親切なスピーチとは、理解力に応じた内容であることが第一。そのためには、幼稚園・保育園、小学校、中学校、高等学校とそれぞれの段階、年代に合ったテーマと言葉選びが重要です。

たとえば、理解力や知識がまだほとんど備わっていない園児相手に、故事成語や慣用句を使っても、話をわかってもらえないでしょう。

園児へのあいさつでは、返事を促したり、手を上げさせたりと、対話できるような内容にすると話を聞いてもらいやすくなります。

また、園児は集中力が持続しないもの。退屈する前に早めに切り上げることも大切なポイントです。

小学六年生は子ども扱いをしない

小学校の入学式も、卒園したばかりの児童が対象なので、わかりやすい、平易な言葉を使います。

同じ小学生でも、六年生ともなれば、感性は大人とほとんど変わりません。小学校の卒業式や中学校の入学式では、分別の未熟な子どもを諭すような発言は「ばかにされた」「偉そうに説教された」という印象を与えるので控えます。

しかし、知識や学力は学校教育の範囲内だという前提に立って、難しすぎる用語は避けましょう。

中学卒業式以上は大人とほぼ同等に

高校生になると、ほぼ大人と同等です。話題や言葉も、社会一般で使われているものならば補足は不要です。むしろ、余分な言葉を省くことが、対等に接している姿勢を示すことになります。もちろん、難解な表現の羅列で、自己満足に陥らないような注意は必要です。

また、卒業式では、進路が決まっていない人や、不合格だった人もいます。合格、不合格といった言葉はなるべく使わないほうが無難です。

年代に合わせた内容と話し方のポイント

1 幼稚園・保育園の入園式

- 明るい表情と口調で、一語一語はっきり発音。
- やさしい表現と言葉づかいで、ゆっくりと語りかけるように。
- 対話できるような内容を心がける。
- 慣用句や故事成語は避ける。
- もともと大きな声の人は発声を控えめにして、威圧感を与えないように。

2 幼稚園・保育園の卒園式 小学校の入学式

- 大きな声で、ゆっくり歯切れよく。
- 明るい表情で、一人ひとりの顔を見ながら語りかけるように。
- 平易な表現と言葉づかいを心がける。
- 大人へのあいさつに移るときは間を取り、口調や用語も改まったものに。
- 「心配」「不安」などマイナスのイメージを伴う表現はなるべく避ける。

3 小学校の卒業式 中学校の入学式

- 子ども扱いした表現、平易すぎる言葉づかいは避ける。
- 説教くさい言い回しにならないよう注意する。
- 難解な言葉や表現は極力避ける。
- 学校のなかで教えられていないような言葉や内容については説明を。
- 教訓を引き出すために暗い話題を使う手法はなるべく避ける。

4 中学校の卒業式 高等学校の入学式

- 理解力は大人とほぼ同じと考え、無理に言葉をかみくだかず、式の品位に配慮する。
- 格言や名言を盛り込むと引き締まる。
- 中学卒業後の進路はさまざま、配慮した表現を。

5 高等学校の卒業式

- 心身ともに大人と同じであることを念頭におく。
- 言い回しはそれなりに高度なものを使う。
- 回りくどくならないよう、表現は簡潔、ストレートに。
- 卒業後の話題については、それぞれの立場を考慮する。
- 合格、不合格、失敗といった表現は避ける。

わかりやすい話にする工夫❶

——集中して聞いてもらうための第一ステップ——

入学・卒業式のスピーチの基本は熱意と誠意と真心。それを聞き手の心にきちんと届けるためには、話し方の工夫も大切です。

理解してもらうことと飽きさせないこと

他人の話を黙って聞き続けることは、意外に集中力が必要です。しかも、入学式や卒業式でのスピーチは、ひと言でも聞き逃したら何か実害を受けるようなものではありませんので、集中力を持続させるのもたいへんです。

それだけに、話し手は話を聞き流されないようにするための工夫や配慮をする必要があります。

聞き手に話をきちんと聞いてもらうための大原則は、「内容がわかりやすいこと」。

これは難しい言葉を使わない、ということだけではありません。平易な言葉を使っていても、集中して聞いていることに疲れると、聞き手は内容を理解する意欲がなくなり、よくわからないまま話が早く終わることを待つことになります。いわゆる「飽きた」という状態です。

わかりやすい話をする工夫とは、聞き手を飽きさせない工夫でもあるのです。

聞いてもらうための基本的な注意点

工夫と言っても、最初から凝った技巧を考える必要はありません。

基本は二点。一点目は、本題をひとつに絞ること。いろいろな話を盛り込もうとすると、結局何を言いたいのかわからず、聞き手は飽きて聞き流すようになります。

二点目は具体的な表現をなるべく多く入れること。抽象的な表現ばかりではイメージがつかみにくく、やはり話を最後まで集中して聞くことに疲れてしまうからです。

これらのことは、30～32ページの「原稿の基本的な組み立て方」でも説明していますので、参考にしてください。

本題を具体的にするためのおもなアプローチの方法

1 聞き手の身近な話題・話し手の体験談

自分の体験や経験と重なる部分が多いため、聞き手がイメージしやすい。共感や親近感を持ってもらいたい場面で使うとよい。

2 偉業を達成した人物のエピソードや言葉

実業家やスポーツ選手、歴史上の人物など、大きな何かを達成した人物のエピソードや言葉を紹介する。

3 時事や歴史

自分たちが生きている現在のこと、逆に、いつの時代でも変わらないことなどを示したいときに。

4 金言・格言・故事成語

❷との違いは、時代を越えて多くの人の支持を得てきた実績があること。言葉の重みをより強く感じることができる。

5 雑学

動物や植物の生態や行動、ものごとの成り立ち、簡単な心理ゲームのようなものなど、雑学の話題から。

あいまいな表現を減らし、なるべく具体的に

Point

最初から最後まで話を具体的にすると、長く回りくどくなる。どの部分をどこまで具体的にすればよいか、バランスを考えることも大切。

例1

「皆さんもいろいろなことがあったと思います」

↓

「友だちとけんかして、学校に来るのがいやだった日もあるでしょう。部活動の苦しい練習を乗り越え、大会で存分に力を発揮できたことで、自分の力に自信をつけた人もいるでしょう」

例2

「中学に行ったら、さまざまな新しいことが待っています」

↓

「中学では、まず、違う小学校から来た友だちとの出会いがあります。そして、教科ごとに違う先生が教えてくれるんです。また、全員が部活動に参加することになるので、どの部に入りたいか、今から考えておいてくださいね」

例3

「私の好きな小説の一節にこういう言葉があります」

↓

「皆さん、フィッツジェラルドという作家をご存知でしょうか。一九二〇年代に活躍した、アメリカ文学を代表する作家の一人です。彼の代表作『グレート・ギャツビー』は、次のような言葉で始まっています」

わかりやすい話にする工夫❷

―聞き手の関心を引き寄せるためのテクニック―

話の内容を理解してもらうには、聞き手の関心を引き寄せておくことが大切。そのためのアプローチの方法もさまざまあります。

話のなかに独自の切り口を盛り込む

式典でのスピーチがどのような成り行きになるかは、皆、だいたい予想しているもの。それをよい意味で裏切ることで、聞き手は話にひきこまれやすくなります。

聞き手をよい意味で裏切る一番の方法は、独自の視点を盛り込むこと。

誰でも知っているような材料を使った話でも、「言われてみれば、たしかにそうだ」「なるほど、そういう考え方もあるのか」と、聞き手に驚きや発見をもたらすことができれば、話への関心もぐっと高まります。

もちろん、聞き手が予想していた

話し方のテクニックいろいろ

1 初級 身振り、手振り、表情を豊かに

「大きな」と言うときには手を広げ、「楽しいものでした」と言うときには嬉しそうな顔をする、などして情感を伝える。

2 初級 聞き手にアクションを起こさせる

飽きやすい低年齢層には、返事をさせたり、手を上げさせたりなど、体を動かすようなコミュニケーションが有効。学年が上がり、式の品格上、体を動かす要求がしにくい場合には、「どう思いますか？」などの問いかけで、頭のなかでのアクションを起こさせる。

3 初級 重要な部分で言葉を繰り返す

二度言葉を繰り返すことで、とくに強調したいことを示す。「大切なのは集中力。集中力なのです」など。ただし、何度も使うとくどくなるので、どうしても強調したい部分に絞って使う。

ような内容の話がすべていけないわけではありません。「どこかで聞いたような話」は、それが普遍的であるから、繰り返し使われているのですから。

技巧だけではなく熱意や誠意を忘れずに

スピーチは読んでもらうものではなく、聞いてもらうものです。文字で読んで「ありきたり」と感じるものでも、熱意や誠意を伝えようと一生懸命話す姿があれば、聞き手は必ず何かを感じ取ります。

技巧を凝らしたパフォーマンスをして飽きることなく最後まで話を聞いてもらえても、その言葉が聞き手の心にずっと残り続けるかどうかは、別の問題です。

手段と目的が入れ替わらないように、くれぐれも注意しましょう。

4 中級 その日の話題を入れる

今、感じていることを率直に話している印象をもたらす。「先ほど先生と話していたら……」「朝、新聞で見たのですが……」など。もちろん、予定の内容と自然につながる話題であること。

5 中級 本題から始める

形式的なあいさつから始めず、「皆さんは今、宝物を手にしました」のような本題となる話題から入り、一気に話への興味をひきつける。

その際は、聞き手に心の準備をさせるために、最初のフレーズを言ったあと、次の言葉を始めるまでやや間を取ることがポイント。

6 上級 紙に書いて示す

キーワードなどを紙に書いて示し、聞き手が話の筋を追いやすくする。結びで「冒頭で申しましたように」など、話の始まりを思い出させるような場合にはとくに有効。あるいは、何枚か用意しておき、めくりながら話を展開する方法も。

遠くの人でも見えるように、大きい紙に大きく書く必要があるが、やわらかい紙は丸まって見せにくいので、大きめのスケッチブックなどを使うとよい。

7 上級 話題に登場する物品を示す

小説からフレーズを引用するときにはその本を掲げたり、「携帯電話は便利ですが……」と話すときに、自分の携帯電話を取り出して見せたりする。

その際、遠くの人まで本のタイトルなどが見えなくても大丈夫。何か「物」を見せようとする行動によって、聞き手の視線や注意力を、話し手である自分に集中させることが目的。

あがらないために

― 最初は一人に話しかける気持ちで ―

大勢の前では誰でもあがってしまうもの。その緊張感を少しでもやわらげ、なるべく自然体に近い状態でスピーチできるのが理想です。

失敗を恐れない気持ちが大切

かなり場慣れしている人でも、聴衆の前では多少なりとも緊張すると言います。問題はあがる程度。

そもそも、なぜ人はあがるのかといえば、失敗してはいけない、自分をよく見せたいなど、完璧を求めるからです。でも、極端に長い沈黙が続いたり、何を言っているのかわからないほどしどろもどろになったりさえしなければ充分です。

小さな失敗で慌てると、その緊張感は聞き手にも「大丈夫かしら」という不安となって伝わります。そうなると、聞き手も話の内容に集中できず、結果として心に響かないスピーチになってしまいます。

多少つっかえたり、言い間違えたりしても気にせず、落ち着いてスピーチを進めましょう。

本番を想定して練習を繰り返す

あがりの一番の防止策は、事前の準備をしっかり行うこと。原稿は早めに用意しておき、本番を想定して何度も声に出して練習します。ぶっつけ本番は絶対に禁物です。

当日は、話の流れ、あるいは要点となる単語などを書いたメモだけは必ず用意しておきます。たとえ見なくても、持っているだけで安心感が得られます。

一人に話しかけるつもりで

壇上に上がったり、マイクの前に立ったりすると、緊張もピークに。大勢の聴衆の前だということを意識すればするほど緊張するので、最初は話しかけやすそうな誰かを聞き手のなかから見つけ、その人に話しかける気持ちで始めます。

次第にゆっくりと会場全体を見回すように視線を動かしながら、「この人は熱心に聞いていてくれているな」「この人はよそ見している」など、会場の様子を観察するぐらいの気持ちでいると落ち着きます。

あがらないための準備とコツ

スピーチの前には

- 原稿を読まずに話す場合も、話の流れや大切な名前、数字、言葉などの要点を書いたメモを必ず用意しておく。
- 余裕を持って支度をし、ぎりぎりの時間に会場に到着しないよう注意する。
- 肩の力を抜いて深呼吸をしたり、自分流のおまじないをしたりして、緊張をほぐす。
- 飴をなめたり少量の水分を摂ったりして、口やのどの渇きを抑えるようにしておく。
- 式が始まる前には、行きたくなくても必ずトイレに行っておく。

スピーチを始めたら

- おじぎを意識的にゆっくりと行う。
- 出だしはゆっくりと、はっきりした声で。はじめがうまくいくと、あとは落ち着いて話しやすくなる。
- 大勢の聴衆だと意識せずに、誰か一人に話しかける気持ちで話し始める。
- 話す内容を忘れてメモを確認するときも、落ち着いた動作で。

話す内容を忘れたら……

長い時間黙り続けず、「申し訳ございません、緊張でうまく言葉が出てこなくて……」と素直に口に出して場をつなぐ。

→ メモがある → 落ち着いてメモを確認する
　→ メモで確認できた → そのまま続ける
　→ メモを見ても確認できない、メモに書いていない → どうしても思い出せず、先に進めない

→ メモがない → 場をつないでいるうちに思い出した → そのまま続ける
　→ どうしても思い出せず、先に進めない

どうしても思い出せず、先に進めない → 「とにかく、皆さんの喜びいっぱいの顔を拝見できただけで私も幸せです。本当におめでとうございます」など、最低限必要なお祝い、あるいは感謝を述べて締める。

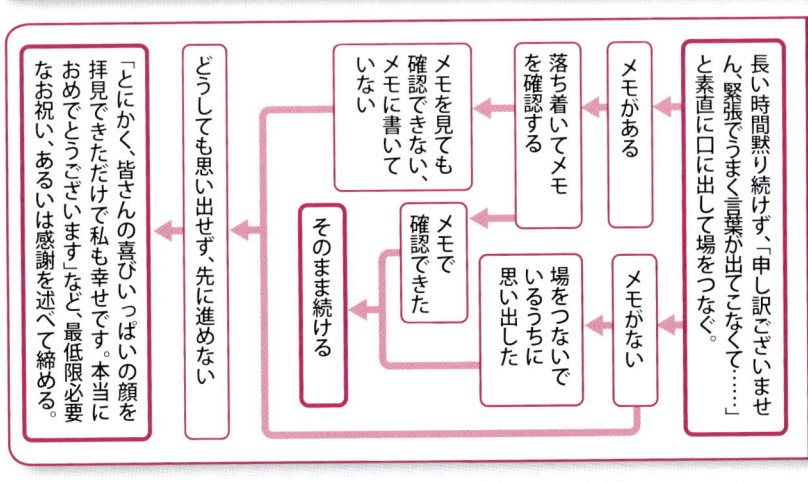

前日までの練習、当日の原稿の扱い

―練習とチェックは納得するまで念入りに―

原稿を書き上げたあとは、本番のつもりで表情やしぐさを交えながら何度も練習を。それが、スピーチを成功させる秘訣です。

最初の練習では原稿の確認も兼ねて

スピーチの準備は原稿をつくって終わりではなく、話し方の練習も大切です。

最初は原稿を間違いなく読むことに集中します。黙読では違和感なく読める文章でも、声に出して読んでみると印象は大きく変わります。

発音しづらいところや、どうしてもつまずく箇所がわかるだけでなく、原稿の内容のおかしいところや話し言葉にすると不自然に感じる部分なども発見できます。

このとき、少なくとも自分の耳で聞き取れる程度の音量で発声することがポイント。口のなかでつぶやくだけでは、黙読とあまり変わらないため、音にしてみたときの違和感に気づきにくいからです。

間の取り方やメリハリ、しぐさや表情の確認も

次に、間の取り方やメリハリを考えながら読んでみます。

ここでは、はっきり語尾まで発音できているか、話すスピードは妥当か、言葉のはじめに、「えー」や「あのー」といった雑音を入れていないか、などをチェックします。

最後に、本番のつもりで表情やしぐさなども意識しながら練習します。

これらの段階ではテープやビデオを使うと、より客観的なチェックができます。もっとも効果的なのは、家族など、ほかの人に見てもらうこと。自分一人では何度練習しても気づかなかった改善点を見つけてもらうことができます。

スピーチ本番で原稿を見る場合と見ない場合

スピーチ本番では、基本的には聞き手の顔を見て話をしますが、その際、原稿を見ながらスピーチをする場合と、見ない場合があります。

原稿を読む場合、できれば要所要所で確認する程度に留めます。原稿に目を落としている時間が長い場合も、ポイントとなる部分では必ず顔

を上げて、会場全体に視線を配るようにします。

逆に、原稿を読まない場合でも、必ずスピーチの流れやキーワードなどを書いたメモは用意します。

緊張していると、書面のどこに探している言葉が書いてあるかわからなくなることもあります。

ですから、メモや原稿は、ぱっと見た瞬間にわかるように、小さな字の走り書きですませずに、内容を整理して、大きめの字で書いておくことが大切です。

練習のステップとチェックポイント

1 声に出して読む

- 内容に不備はないか。
- 話し言葉として不自然な箇所はないか。
- 発音しにくいところ、つまずきやすい箇所はないか。

↓

2 間の取り方、メリハリを考えながら読む

- 話すスピードは適正か。
- 語尾が消えるなど、聞き取りにくい発音をしていないか。
- 言葉のはじめに「えー」「あのー」などの雑音を入れるくせがないか。

↓

3 表情やしぐさを交えながら本番同様に

- どのタイミングで、どのような表情やしぐさを交えれば、より情感が込められるか。
- 本番で原稿を見る場合は、どのタイミングで原稿に目を落とすか。
- 本番で原稿を見ない場合は、話す内容を忘れて、ポケットからメモを取り出すときの動作の確認も。

客観的な視点でチェックするには

家族に聞いてもらう

客観的な意見をもらうことで、自分では気づかなかったおかしな点が発見できる。

ビデオに録画する

鏡に向かって練習する方法もあるが、ビデオに録画して、あとから落ち着いてチェックするほうが効果的。

原稿の基本的な組み立て方

―ひとつのテーマを軸に三部で展開―

スピーチは「はじめ」「本題」「結び」の三つで構成するのが理想的。それぞれのバランスをよく考え、内容をまとめていきましょう。

出だしで興味をひき、結びはしっかりと

原稿のオーソドックスな組み立て方は、「はじめ」「本題」「結び」の三部で構成する方法です。

「はじめ」では、お祝いやお礼、また、本題へとスムーズに移行できるような導入などを述べます。

「本題」はスピーチの中心となる部分です。問題提起をしたり、エピソードを紹介したりしながら、結末が聞き手の心に響くように、なるべく具体的に話をふくらませます。

「結び」では、本題をまとめたり、生徒たちへ改めてエールを送ったり、お礼を述べたりします。

スピーチの基本的な骨格

はじめ

来賓（PTA代表を含む）	●新入（卒業）生へのお祝い ●保護者へのお祝い ●学校へのお祝い ●学校へ招待のお礼 ●自己紹介
保護者	●式挙行のお礼 ●参列や祝辞へのお礼 ●自己紹介
校長	●新入生へのお祝い ●保護者へのお祝い ●参列へのお礼

本題

園児・生徒に対するメッセージ、アドバイス、期待することなど

入学式

- ●新入生に学校生活への期待を持たせるメッセージ
- ●新入生の学校生活への不安を解消させるメッセージ
- ●新入生に対して話し手が期待することや望むこと

卒業式

- ●卒業生に今後の希望を持たせるメッセージ
- ●慣れた環境から離れる卒業生の不安を解消させるメッセージ
- ●卒業生の今後について話し手が期待することや望むこと

テーマはひとつに絞り散漫な印象を与えない

よいスピーチにするための決め手はふたつ。ひとつは、テーマを一点に絞ることです。せっかくだからと、あれもこれもと入れるのは逆効果。話が散漫になるだけで、印象は薄くなります。

ふたつめは、本題部分で展開した内容が、最終的に伝えたいメッセージへときちんと収束すること。

本題で展開した内容と結論がちぐはぐでは、聞き手に肩すかしを食わせることになってしまいます。そうなっては、本題でいくらいい話、興味深い話を展開しても、「誠意や熱意を伝えたい」という本来の目的が果たせないことになります。

結論とちぐはぐにならないよう、本題選びは慎重にしたいものです。

原稿を組み立てるときの注意点

- 呼びかけ、問いかけなど、聞き手の興味をひくような出だしを考える。
- テーマはひとつに絞り込み、エピソードの数も最小限に。
- 本題と結論がちぐはぐにならないように気をつける。
- 尻切れとんぼにならないよう、最後はしっかり締める。
- スピーチ全体の流れがスムーズかどうかをチェックする。
- 同じ内容を不必要に繰り返さないように注意する。

結び

●新しい学校生活を始めるにあたってのアドバイスや心構え
●入学を機に考えてほしいこと

●保護者へのあいさつ
●学校へのあいさつ
●お祝いの言葉
●本題の結論

●学校へのあいさつ
●本題の結論

●新しい環境へ旅立つにあたってのアドバイスや心構え
●卒業を機に考えてほしいこと

●保護者へのあいさつ
●歓迎(歓送)のメッセージ
●本題の結論

スピーチを組み立てる順番

1 テーマを決める	方法1 大まかなキーワードを決める。例…「努力」「挑戦」など。 方法2 原稿のタイトルを決める。 例…「毎日の積み重ねが結果を生む」など。 方法3 具体的なキーワードを決める。 例…「未来への羽」「心をひとつに」など。
2 結論となる言葉の目安を立てる	たとえば、「努力」をテーマにしたとき、結論を「努力しないと結果はついてこない」か、「努力で可能性は広がる」か、「努力で得た小さな成果は、偶然手に入った大きな成果より価値がある」か、いずれにするかで話のトーンが違ってくる。
3 テーマに添って、本題の内容を検討する	方法1 新聞、テレビ、雑誌などから時事的な話題を探す。 方法2 名言集などから、金言、格言、故事成語などを探す。 方法3 日常生活で印象的だったエピソードがないか振り返る。 方法4 学校行事など、学校と関わる印象的なエピソードがないか振り返る。 方法5 自分がその世代の頃に何を考えていたか、あるいは社会状況はどうだったかを振り返る。
4 話の流れを考える	・一般論から入り、身近な話題へとクローズアップするか、あるいは逆に、身近な話題から広い視点へ運ぶか。 ・基本形通りに「はじめ」から入るか、直接本題から切り込むか。 ・本題を順序立てて話すか、あるいは最初に結論やキーワードを提示してから具体的な話に入るか。 ・お祝いやお礼の言葉を「はじめ」で述べるか、「結び」で述べるか、両方で述べるか、話しかける対象者ごとに使い分けるか。
5 話の肉づけ、ぜい肉落とし	言葉不足のところはないか、冗長なところはないか確認する。
6 あいさつのこぼれや言い回しなどの確認	お祝いやお礼の言葉の入れ忘れがないか、誤字脱字や差別的な表現などの不適切な箇所はないかなど確認する。
7 原稿の完成	最後に、できた原稿を読み返してタイトルをつけてみる。短い言葉で表せない場合は、話の焦点が絞りきれていない証拠。原稿の流れをもう一度整理してみる。

2章

入学式のスピーチ

入学式のスピーチの話題選び

期待と不安に胸をドキドキさせて入学式に臨む子どもたち。その子たちの心に、どんなスピーチを届けたらよいか考えてみましょう。

新しい生活のスタートにあたって

入学式は、新入生にとって新しい生活へのスタートです。まず第一に、そのことへのお祝いを伝えます。同時に歓迎の言葉を添えてもよいでしょう。

中心となる内容は、大きく分けて、次の三点が考えられます。

一点目は、新入生に、園や学校生活への期待感を持たせるものです。

行事や日常生活の楽しいところやよいところを具体的に紹介し、これからすばらしい生活が始まるんだという気持ち、期待と意欲が生まれるようなエピソード選びを心がけます。

二点目は、新生活に対する緊張や不安をやわらげるものです。

園や学校生活を具体的に紹介し、新しい環境のイメージを明確にして安心感を与える内容や、先生や両親が見守っているから大丈夫といったメッセージ、失敗しても周りの人に励まされて、最後はよい結果になったエピソード、などから選ぶとよいでしょう。

三点目は、スピーチする人の新入生に対する期待を語るものです。

具体的なエピソードを盛り込みながら、こんな経験をしてほしい、このように成長した姿を見たい、こうした姿勢を大切にしてほしい、などのメッセージを伝えます。

保護者や家族へのお祝いも忘れずに

もう一点忘れてはならないのは、保護者や家族へのお祝いの言葉です。新入生へのお祝いの言葉に続けて添えてもよいですし、話す対象を保護者や家族に切り替えて、改めてお祝いを述べてもよいでしょう。少なくとも、保護者や家族に向けて「おめでとうございます」とひと言はふれるようにします。

お祝いの言葉だけでもよいですが、「私も子どもがいるのでこの日の喜びはよくわかります」など、共感を表すと、より親近感のあるスピーチになります。

立場別 入学式のスピーチでのポイント

●園長・校長の立場から

新入生の入学を祝い、歓迎すると同時に、園・学校の方針や考え方を保護者に伝えることができる場です。

園・学校の紹介や、新入生への期待を語るなかに、保護者が園や学校への信頼を感じられる要素を、織り交ぜられるとよいでしょう。

●来賓の立場から

自分が知っている園や学校の長所を伝えたり、先生や生徒と接して感動したエピソードなどを選ぶとよいでしょう。

自らの園や学校への貢献を強く主張する内容などは避けます。一人の大人として、新入生への期待を述べるのもよい方法です。

●PTAの立場から

新入生の保護者や家族に、PTAの方針を伝えたり、活動への参加を呼びかけたりする場合は、簡潔に、さりげなく。保護者にお祝いなどを伝えることは大切ですが、主役はあくまで新入生であることを忘れずに。

●新入生の保護者の立場から

入学式を開き、歓迎してもらったことを感謝するスピーチになります。

単なるお礼の言葉だけでなく、式や園・学校の好印象を伝え、新しくその一員になれることを喜ぶ言葉や、園・学校の一員として努力する決意などを加えるとよいでしょう。

●在校生の立場から

新入生を歓迎するスピーチになります。中心となる内容は、学校生活を紹介し、新入生に期待を持たせるものがよいでしょう。

小学生など年齢が低い場合は、学校生活そのものの紹介になりますが、中学生や高校生なら、自分が学んだことや考えたことなどを伝えましょう。

●新入生の立場から

新入生としての決意を伝えるスピーチになります。新しい生活への期待や、どんなふうに学校生活を過ごしたいかを、自分の言葉で素直に話しましょう。歓迎してくれた先生や先輩へのお礼の言葉も忘れずに。

入学式のスピーチに入れたいフレーズ

入学式で確実に盛り込みたい内容の文例です。これを参考にして、スピーチの流れにうまくのせられるように自分なりにアレンジを。

お祝いのフレーズ

●新入生へ

・入学おめでとうございます。

・新入生の皆さん、今日はおめでとう！

・川原小学校へのご入学を、心よりお祝いいたします。

●贈る言葉やエピソードにつなげる

・今日は、皆さんの入学のお祝いに、ひとつの言葉を贈りたいと思います。

・お祝いの言葉にかえて、今日から中学生になった皆さんに、一緒に考えてほしいお話を紹介します。

●保護者・家族へ

・ご参列の保護者の方々にも、お祝いを申し上げます。

・ご家族の皆様も、お子様の入学を、さぞお喜びのことと思います。おめでとうございます。

・保護者の皆様にも、ＰＴＡを代表して、ひと言お祝いの言葉を述べさせていただきます。

歓迎のフレーズ

●新入生へ

・今日から皆さんが親愛小学校の新しい仲間になったことを、とても嬉しく思っています。

・湊中学校全員、皆さんを心から歓迎します。

・本日、皆さんを新入生として迎えることは、私たちにとっても大きな喜びです。

・皆さんの新しいスタートを、一緒にお祝いできる喜びを感じています。

●在校生から

・東郷小学校へようこそ！　これから、みんなで仲よくしましょう。

・同じ中学の一員として力を合わせ、充実した学校生活をつくっていきましょう。

・高校生活で、仲間の存在はとても大切だと感じています。皆さんも、今日から私たちの仲間です。

不安や緊張をやわらげるフレーズ

●新入生へ

・わからないことや困ったことがあったら、何でも先生や家族、友だちに聞いてみましょう。

・はじめての学校生活に、少し緊張している人もいるかもしれません。でも大丈夫。先生も、家族も、周りの人たちも、みんなが応援してくれています。

・新しいスタートを切るときには、喜びだけではなく、多少の不安や緊張感もあるでしょう。でも、それは誰にでもあることですから、心配はいりません。

●保護者・家族へ

・これからは、同じ保護者どうし、話し合い、助け合っていきましょう。

・ＰＴＡでは活動のひとつとして、何でも気軽に話し合える場も設けています。ぜひご参加いただき、困ったときは相談できる仲間をつくってください。

新入生への期待を伝えるフレーズ

・これからの皆さんに期待しています。がんばってください。

・これから、いろいろなことを学び、たくさんの体験をして、心も体も大きくたくましくなってください。

・皆さんの成長した姿を見るのが楽しみです。すてきな中学生になってくれることを期待しています。

・皆さんが、静川高校の生徒として充実した時間を過ごし、大きく羽ばたいていくことを期待して、お祝いの言葉にかえさせていただきます。

保育園 幼稚園

入園式

園長式辞

入園児へのお祝いとパフォーマンス

みんなで「大きくなあれ」体操をしましょう

❶皆さん、ひばり幼稚園にようこそ！　今日は、皆さんがひばり幼稚園のお友だちになったお祝いに、先生と「大きくなあれ」体操をしましょう。❷ご家族の方々も、ぜひご一緒にお願いいたします。

では、皆さん、これから、先生をよく見て、まねをしてくださいね。

まず両手を頭にのせます。

（以下リズミカルに唱えながら動作する。「大きくなあれ」はすべて同）

❸「あたま　あたま　あたまは　いっぱい　かんがえる
いっぱい　いろいろ　かんがえて　大きくなあれ」

（両手で頭をリズミカルに軽くたたき「大きくなあれ」で両手を上げる）

次は、両方の耳をつまんでください。

「おみみ　おみみ　みんなの　おはなし
よくきくよ　せんせいの　おはなし
よくきくよ　いっぱいきいて
大きくなあれ」

（両手でつまんだ耳をリズミカルに軽く引っぱる）

次は目です。指で両方の目の近くをさわりましょう。

「おめめ　おめめ　いろんな　ものを　よく　みてみよう
いっぱい　よくみて　大きくなあれ」

（両人さし指を目の下に当て、あかんべえをするように軽く下げる）

次は手です。皆さん、おとなりにいるお友だちと手をつなぎましょう。

Point❶
園児に話しかけるときは、明るくはっきりとした口調を心がけ、早口にならないように注意する。

Point❷
保護者に話しかけるときは、園児に話しかけるときより落ち着いた口調で。視線を、園児から保護者に移すことも忘れずに。

Point❸
「唱え歌」のようにリズムや表情をつけ、子どもや家族が参加したくなるような、楽しい感じに。

この例文のねらい
園児に呼びかけ、一緒に体を動かすことで、リラックスさせ、式に参加している意識を持たせる。保護者には、子どもの活動を積極的に引き出す保育・指導をしていることを伝える。

「てをつなごう　てを　つないだら　おともだち
なかよく　いっしょに　大きくなあれ」

（両手をとなりの人と手をつなぐように広げ、軽く振る）

最後にみんなでジャンプしましょう。

「あし　あし　からだ　あるいて　はしって　ジャンプして
いっぱい　うごいて　大きくなあれ」

（リズミカルに軽くジャンプする）

皆さん、どうでしたか。元気に体操できましたか。これから、一緒にいっぱい楽しいことをして、みんなで大きくなりましょうね。

保護者へのお祝いとお願い

ご家族の皆様、本日はご入園おめでとうございます。私どもの園では、今の体操のように、お子さんがリラックスして楽しめる遊びや活動を通して、頭・心・体を育てることを目標にしています。ご家族の皆様にもご一緒に、園生活を楽しんでいただければと願っております。ご理解とご支援のほど、どうぞよろしくお願いいたします。

言い換え
「ご家族の皆様には、お子さんが、毎日明るく元気に園生活を過ごせるよう、見守っていただければと思っております」

他にも
「園児が参加できるパフォーマンス」をするなら

【話の展開】今日は先生と一緒に、園やおうちでするあいさつの練習をしましょう。まず「おはようございます」。皆さん、先生のあとについて、大きな声で言ってみてね。（「おはようございます」のやりとり）わあ、上手ですね。よくできました。では次は……と、いくつか練習してみる。

【ねらい】大きな声であいさつをさせ、それをきちんと受け止め、ほめることで、式に参加している意識を持たせる。その際には手を耳に当てて返事を待つような動作をするなど、園児の参加を促す工夫を。

テーマのヒント
- 楽しい行事などについて内容を具体的に話し、園生活への期待を持たせる。
- 保育者がいつも見守っていることを伝え、新しい環境への不安をやわらげる。
- 園生活で友だちができる喜びを語り、みんなで楽しく過ごそうと呼びかける。
- 自分の失敗などを例に、失敗しても大丈夫だと伝えて緊張感を取り除く。

保育園 幼稚園

入園式

保護者会代表祝辞①

この例文のねらい　子どもに日常生活のなかでできることを問いかけ、自分でやってみる意欲を促す。また、保護者には子どものやる気を育てるようにアドバイスする。

入園児へのお祝いと呼びかけ

少しずつでも自分でやってみましょう

皆さん、入園おめでとうございます。皆さんがこぐま幼稚園のお友だちとして入園してくださって、私たちもとても嬉しいです。

皆さんは、明日から、毎日こぐま幼稚園に通います。朝起きたら、パジャマから、お洋服に着替えますね。❶ひとりで着替えられますか。顔を洗ったり、歯を磨いたりもしますね。これは、どうですか。自分でできるかな？　朝ごはんを食べて、園に行く前には、トイレにも行きますね。一人で行けるかな？

まだ、ひとりではできないこともあるでしょう。でも、今日から幼稚園生になったので、少しずつでも、自分でやってみましょう。はじめは失敗することがあっても、だんだん上手になりますよ。園のお兄さんやお姉さんたちも、少しずつできるようになりました。だから皆さんも、できるところから、がんばってみましょうね。

保護者へのお祝いとアドバイス

ご家族の皆様、お子さんのご入園おめでとうございます。今回、このようなお話をさせていただいたのは、お子さんに、「幼稚園生」という新しい気持ちを持ってほしいという思いからです。朝の忙しい時間などには、何でもつい手を出し、親がやってしまいがちですが、ほめて、励まして、できるだけお子さん自身にやらせてみましょう。

❷最初はたいへんだと思いますが、だんだん、家族も楽になりますよ。園生活を通して、親も、子どもとともに成長していくのだと私自身もよく感じさせられます。一緒にがんばりましょう。

Point❶　問いかけのあとは、子どもたちが返事をできるように少し間をあける。返事が返ってきたら「そう、自分でできるの。えらいね」「そうね、まだ少し手伝ってもらわないと難しいね」など、答えに応じた言葉を織り交ぜてもよい。

Point❷　先輩保護者の経験談を語るニュアンスで。子どもの成長を願う親どうし、これから仲間として一緒にやっていきましょうと呼びかけて結ぶ。

この例文のねらい　入園児に、これから家庭で園での生活を話すように促す。保護者にも、コミュニケーションの大切さを呼びかける。

保育園 幼稚園 入園式

保護者会代表祝辞②

入園児へのお祝いと呼びかけ ／ 保護者へのお祝いと呼びかけ

おうちの人に園のことをお話ししてね

今日はとってもいいお天気ですね。お日様も、皆さんの入園をお祝いしてくれているようです。入園、おめでとうございます。

皆さんは今まで、毎日おうちにいて、おうちの人とずっと一緒でしたね。でも明日からは、ひまわり保育園に通います。園に来たら、先生やお友だちと一緒です。おうちの人と離れるのはちょっと寂しいかもしれないけど、❶園には楽しいことがいっぱいありますよ。先生たちもみんなやさしいし、お兄さんやお姉さんたちもいます。遠足や運動会、おイモ掘りや発表会など、行事もたくさんあります。

でも、おうちの人は、皆さんが園でどんなに楽しいことをしたか、よくわかりませんよね。ですから、おうちに帰ったら、園でどんな楽しいことをしたのか、何がおもしろかったのか、いっぱい、いっぱい、おうちの人にお話ししてください。そうしたら、おうちの人も、皆さんが楽しかったことがわかって、一緒に楽しくなれますからね。

ご家族の皆様、本日はおめでとうございます。はじめてのご入園で、喜びや期待とともに、不安感をお持ちの方もいらっしゃることでしょう。お子さんに、「今日は園でどんなことをしたの」「何が楽しかったの」と、園での様子をやさしく聞いてあげるのはもちろん、不安なことや心配なことがあれば、先生や周りの保護者と連絡を取り合い、話し合って、不安を解消していきましょう。保護者会でも、保護者どうしが、自由に話し合う場を設けています。ぜひ、ご参加ください。

Point❶

園の楽しさを語る部分は、明るく元気に、楽しそうに。「でも……」の前で一拍間をあけて、ちょっと考え込むような口調に変える。「ですから……」の前に再度間をあけて、再び明るい口調に戻す。

言い換え

「保護者会では、園の行事への参加などを通して、保護者どうしが親睦を深めながら、子どもたちの園での生活を知り、見守る活動をしています」

この例文のねらい　保護者に向けて、同じ親の立場から見た、園のすばらしさを伝える。素直に自分の経験を語り、保護者の共感を得られるようにする。

幼稚園　保育園

入園式

保護者会代表祝辞③

お祝いと自己紹介

自分の体験談と保護者への呼びかけ

見守る大切さを自分も教わりました

新入園の皆さん、ご家族の皆さん、本日はおめでとうございます。私、❶保護者会代表の谷山浩二と申します。今日は、私が、若葉幼稚園の先生方から学んだことをお話しさせていただきたいと思います。

それは、園に入った娘のはじめての遠足に、私も参加したときのことです。三、四歳の子どもたちが、二十人も一緒に歩くわけですから、先生方はたいへんです。あちらで一人、こちらで一人と、立ち止まる子が出てきます。でも、先生方はけっして、「さあ、歩いて」「遅れちゃうでしょう」などとは言わないのです。

見ていると、立ち止まる子どもたちには、みんな理由があります。道端に花が咲いていた、ダンゴムシがいた、犬が散歩していたなど、子どもたちなりの発見があり、その発見に夢中になって、つい足が止まってしまうのです。先生方は、その発見をひとつひとつ受け止め、「あ、本当、きれいなお花ね」「ワンちゃん嬉しそうね。お散歩が好きなのね」と言葉をかけ、それから「じゃあ、○○ちゃんに追いつこうか」と先に進むように促していました。❷私は、子どもの発見を共有し、一緒に楽しむ先生方の姿に、何か大切なものを教えられたような気がしました。それは、先へ先へと進むだけでなく、子どもの目線で一緒に楽しむことが、私たち親にも大切なのではないかということです。

若葉幼稚園は信頼できる、すてきな園です。先生方と一緒に、私たち親も、ゆったりと子どもたちの成長を見守っていきましょう。

Point❶
自己紹介をする場合は、簡潔に。保護者会代表としての立場なので、職業や社会的な地位などは言わなくてもよい。

Point❷
自分の感じたことを素直に語りかける口調で。考えを押し付けるような印象を持たれないように注意する。

保育園 幼稚園 入園式

入園児保護者代表あいさつ

この例文のねらい　入園式を開いてもらったことへのお礼を述べ、園の印象や今後への期待、一日も早く園の一員として溶け込みたい思いを語る。

歓迎のお礼 → 園の印象と子どもへの期待 → 入園児へのお祝い → 関係者へのあいさつ

伸び伸びと大きくなってほしい

❶本日は、このように心のこもった、あたたかい会で子どもたちを迎えていただき、本当にありがとうございます。子どもたちの元気な笑顔を見ていると、私ども親も、これからの園生活に胸がふくらむ思いです。

入園前に園内を見学させていただいたとき、一番印象に残ったのは、お子さんたちの明るさでした。先生のお話を聞くときも、お絵描きをするときも、園庭でどろんこになって遊んでいるときも、みんな、瞳が輝いていました。遊びや活動に一生懸命で、夢中になっていました。伸び伸びと、自分からさまざまなことに取り組んでいました。❷その姿を見て、自分の子もこんなふうに育ってほしい、伸び伸びと大きくなってほしいと、心から思いました。

新入生の皆さん、入園おめでとうございます。これから、皆さんも、皆さんの家族も、みちる幼稚園の仲間ですね。先生や、お友だちや、お兄さん、お姉さんとたくさん、思いっきり遊んでくださいね。皆さんが、みちる幼稚園で、どんなお兄さんやお姉さんになっていくのか、私たち家族は、とても楽しみにしています。

今日、みちる幼稚園に入園できたことは、子どもにとっても、私にとっても、大きな喜びです。最初は不慣れなことも多いと思いますが、親子ともども、一日も早くこの園の一員になりたいと思っております。

先生方や先輩保護者の方々には、いろいろとご迷惑をおかけすることもあるかとは思いますが、ご指導よろしくお願い申し上げます。

Point❶　単に「ありがとうございました」ではなく、式の印象を伝えることで、感謝の気持ちを表す。

Point❷　園の印象と子どもの成長への期待を語り、園に対する信頼感を伝える。実感を込めて。

言い換え　「先生はじめ園の方々や、保護者会の方々には、園での生活や、保護者会の活動などを通じて、いろいろと教えていただけたらと思っております」

小学校 入学式

校長式辞

新入生への呼びかけ　新入生へのお祝い

一人ががんばる　みんなとがんばる

新入生の皆さん、入学おめでとうございます。今日から、皆さんも山中小学校の一員です。先生やお友だち、お兄さんやお姉さんたちと一緒に、楽しい学校生活を過ごしましょう。

❶楽しいといえば、もうすぐ春の運動会があります。山中小学校の運動会は、とても楽しいですよ。玉入れや大玉転がし、リレーなど、みんなで力を合わせる競技がたくさんあります。みんなが思いっきりがんばって、その力がひとつになったとき、参加する皆さんはもちろん、見に来たお父さんやお母さん、先生もとても興奮します。

ある年の運動会で、二十人のチームと二十一人のチームが綱引きをしたことがありました。どっちが勝ったと思いますか?

❷そうです、二十一人いた白組が勝ちました。❸そこで二回目は、白組から一人、赤組に移ってもらって勝負をしました。すると今度は、一人増えた赤組が勝ちました。そこで三回目は、赤組から一番体の小さいお友だちに、白組に移ってもらいました。すると、やはり、一人増えた白組が勝ちました。

たった一人の違いですが、一人の力ってすごいですね。皆さん、一人ひとりが、そうした力を持っているんです。そして、みんなで力を合わせてがんばれば、さらにすごい力になりますよ。

これから、この学校での六年間、たくさんのお友だちと、みんなでがんばる経験をたくさんしてください。一人ひとりが、自分の力を精いっ

Point❶
冒頭のあいさつのあと、一拍間をあけ、親しみを込めて語りかける口調に。

Point❷
問いかけに対し、子どもが返事をしたら、同意を示すなど、きちんと受け止める姿勢を見せる。

Point❸
子どもが話のプロセスをきちんと追えるように、ゆっくり、はっきりと話す。
片手の人差し指を立て、大きく移動させて「赤組に一人移った」ことを示すなど、身振りを加えて説明してもよい。

この例文のねらい

新入生に、一人ひとりががんばることの大切さ、その力を合わせてみんなでがんばることのすばらしさを伝える。保護者には、児童一人ひとりを大切に指導していくことを伝える。

ぱい出して、そしてみんなと力を合わせて、勉強や運動、毎日の生活を、一緒にがんばっていきましょう。

保護者へのお祝いと教育理念

ご参列の保護者の皆様、本日はおめでとうございます。入学を迎えたお子さんたち一人ひとりには、それぞれの喜び、期待、または小さな不安などがあることと思います。

先ほどの綱引きの話のように、一人ひとりの力は小さいようでいて、しかし、その存在の重みには、はかりしれないものがあります。本校では、そのような「一人の重み」を大切にしていきます。一人ひとりが生き生きと輝けることが、みんなで力を合わせ、より大きな喜びを体験するベースになると思っております。

保護者へのお願い

保護者の皆様にも、ぜひ、山中小学校の仲間の一人として、学校の行事などにご参加いただき、みんなで力を合わせる場に立ち会っていただければと願っております。

言い換え

「学校行事にご参加いただき、お子さんと一緒に、みんなで力を合わせる体験をしていただければと思います」

他にも

「一人の力の大切さとみんなで力を合わせる」話をするなら

【話の展開】学校ではウサギを飼っています。一人で、ウサギの世話を全部するのはたいへんですね。でも、学校のウサギはみんなのウサギです。毎日の当番の一人ひとりががんばって、きちんと世話をして、そして交代で当番をしながら、力を合わせて育てています。

【ねらい】子どもが興味を持ちそうなものを例に挙げ、学校での生活に期待感を持たせながら、学校ではみんなで協力して何かをすること、そのためには一人ひとりの力が大切であることを伝える。

小学校 入学式

来賓祝辞

新入生へのお祝いと期待

ゆっくり大きくなりましょう

新入生の皆さん、こんにちは。皆さんは今日から、松山小学校の一年生ですね。入学おめでとうございます。

この学校ではニワトリを飼っていて、みんなで世話をしているそうですが、皆さんは、犬や猫、小鳥などの動物を飼ったことがありますか。

私の家には猫がいるのですが、猫の赤ちゃんは、とても早く大きくなるんですよ。はじめは、片手の手のひらにのせることができるくらい小さくて、お母さんのおっぱいを飲んでは寝てばかりいますが、二、三週間もすると、立って、よちよちと動き回るようになります。一カ月もすると、自分でごはんが食べられるようになります。そして、生まれて一年くらいで、大人の猫がすることは、だいたい何でもできるようになるんです。犬も同じくらいの早さで大人になりますよ。

さて、皆さんは今、六歳ですね。生まれて六年たっています。でも、皆さんが大人になるのは、まだまだずっと先のことです。人間が大人になるためには、いろいろなことができるようにならないといけないので、とても時間がかかるんです。

そこで、❶これから六年間、皆さんは、松山小学校でいろいろなことを勉強します。新しいことやはじめてのことも、たくさんあると思います。何だかワクワクしてきますね。もちろん最初は、うまくいかないこともあるかもしれません。でも大丈夫。時間をかければ、きっとできるようになりますよ。一年生から始まって六年生まで、そのときやること、覚え

Point❶
学校では、いろいろな新しいことに出会えるという期待感を持たせる。また、はじめて経験する学校生活に不安を感じさせないようにフォローする。

この例文のねらい

人間の成長にはほかの動物より時間がかかることを例に、できることをひとつひとつ一生懸命取り組もうと伝える。保護者には、ゆっくり見守ることの大切さを理解してもらう。

保護者へのお祝いと自分の体験談

ることに、ひとつひとつ一生懸命に取り組んで、時間をかけて、ゆっくり大きくなってください。私も、次回、少し大きくなった皆さんに、また会えるのを楽しみにしています。

保護者の皆様、本日は、お子さんのご入学をさぞお喜びのことと思います。まだ、ランドセルのほうが体より大きいような初々しい一年生のお子さんたちですが、小学校の六年間で、体も心も、ぐんぐんたくましくなっていきます。❷私事ですが、まだまだ何もできないと思っていた小学校三年生の娘が、自分から、幼稚園の弟に帽子をかぶせ、手を引いて歩く姿に、目を見張ったことがありました。私たち大人はついつい時間に追われがちですが、子どもたちは、その同じ時間のなかで、ゆっくりと、しかし確実に成長しているのだと実感しました。

❸今日、松山小学校に入学したお子さんたちが、これからの六年間、豊かな時間を過ごしながら、ゆっくりと着実に成長されることをお祈りして、お祝いの言葉とさせていただきます。

言い換え
「新一年生となった初々しい姿に、改めて今までを振り返り、お子さんの成長を感じていらっしゃることでしょう」

Point❷
あくまで、親は子どもの成長ぶりを実感する場面に出会うことがある、という一例として話す。子どもの自慢にならないようにさりげなく。

Point❸
最後にもう一度お祝いを述べて結ぶ。

他にも

「焦らずゆっくりと取り組む」話をするなら

【話の展開】私は小学校のとき、鉄棒の逆上がりがなかなかできませんでした。クラスのみんながができるようになっていくのを見て、自分だけこのままできないのではないか、と心配になりました。でも、友だちに教わりながら、毎日練習したら、最後はちゃんとできるようになりました。

【ねらい】何でもすぐにうまくできるものではないが、あきらめずに時間をかけて取り組めば結果が出ることを伝えて励まし、新しいことへ取り組む期待と意欲を持たせる。

テーマのヒント
- 自分の小学校時代の友だちとの関係などを例に、友だちの大切さを伝える。
- 困ったことがあったら、一人で悩まず、先生や両親に話そうと呼びかける。
- 「ありがとう」と「ごめんなさい」を、心から言える人になろうと説く。
- 身の回りのさまざまなことに疑問を持ち、自分で考える力を育てようと訴える。

この例文のねらい　集団登校を紹介し、あいさつの大切さを伝える。保護者には地域社会の一員として、あいさつを推進する活動への協力を依頼する。

小学校 入学式

PTA代表祝辞①

新入生へのお祝いと集団登校の紹介 ／ あいさつをすすめる呼びかけ ／ 保護者への協力のお願い

元気にあいさつしましょうね

新一年生の皆さん、そしてご列席のご家族の皆様、ご入学おめでとうございます。今日から、新しい生活のスタートですね。

皆さんは、今日、おうちの人と一緒に学校に来ましたね。でも、明日からは、お友だちやお兄さん、お姉さんたちと一緒に登校します。集合場所には、遅れずに行きましょうね。そして、お兄さんやお姉さんたちの言うことをよく聞いて、みんなで仲よく登校してください。

学校に行くまでの間に、近所の人に出会ったら、元気に「おはようございます！」とあいさつをしましょう。ちょっと練習してみましょうか。❶私に続けて言ってくださいね。「おはようございます」。

わあ、上手に言えましたね。最初はちょっと恥ずかしいかもしれませんが、今のように、大きな声であいさつしてください。きっと、相手の人も「おはよう」って言ってくれますよ。がんばってね。

ご家族の皆様、現在ＰＴＡでは、先生方と協力しながら、集団登校時に地域の人にあいさつをするよう子どもたちに呼びかけています。子どもたちの意欲を育てるためにも、ぜひ、子どもたちにあいさつされたら、元気にあいさつを返してください。あいさつは、コミュニケーションの第一歩です。あいさつを交わすことから、地域と子どもたちの結びつきをつくり、家庭、学校、地域が一体となって子どもたちを育くんでいけるように努力したいと思っています。明和小学校のご家族の一人として、また地域の一員として、ぜひご協力をお願い申し上げます。

Point❶
大きな声で元気よく、「おはようございます」と言ったあと、子どもたちに向けて手を差し出し「はい、どうぞ」と言ったり、片手を耳に当て、子どもたちのほうに向けたりして促す。

言い換え
「あいさつを通して、学校や子どもたちと、地域とのつながりを深め、大人たちが協力して、子どもの成長を見守っていける地域にしたいと願っています」

この例文のねらい　伝統ある学校であることを身近なエピソードから紹介し、よき校風を受け継ぐためにみんなでがんばろうと呼びかける。

小学校　入学式

PTA代表祝辞②

新入生へのお祝いと歴史の紹介／卒業生として学校を紹介／保護者へのお祝いとお願い

この学校を卒業した先輩がたくさんいます

　皆さん、今日は富士見小学校への入学おめでとうございます。この富士見小学校は、できてから、もう八十年たっています。八十年ってどのくらいの長さかわかりますか。たぶん、皆さんのおじいさんやおばあさんが生まれる前から、この学校があったのではないかと思います。

　学校ができて八十年もたっているので、この学校で勉強し、卒業した皆さんの先輩が、とてもたくさんいます。たとえば❶あそこに立っている大きな木は、三十年前の卒業生が植えたんです。今はすっかり大きくなっていますが、植えたときは、こんなに小さかったんですよ。

　どうして私が知っているかというと、私もそのとき木を植えた卒業生の一人だったからです。小学校での楽しい思い出はたくさんありますが、何よりよかったのは、やさしい先生といい友だちに出会えたことです。富士見小学校では、クラスで花壇をつくったり、クラス対抗で球技大会をしたりと、クラスのみんなで力を合わせることがたくさんあります。だから自然とみんなが仲よくなって、いい友だちになるんです。きっと皆さんも、この学校でよかったと思うようになりますよ。

　ご列席のご家族の皆様にも心からお祝いを申し上げます。富士見小学校は、私が在籍していた頃から、先生が子どもの力を信じ、伸び伸びと活動させてくれる学校でした。❷今後も、先生方、そして皆様とともに、そのすばらしい校風を受け継ぎ、育てていけるよう力を尽くしたいと思っております。どうぞよろしくお願いいたします。

Point❶　「ちょっとうしろを見てください」と言ってから指差すなど、木の位置が具体的にわかるように示す。「こんなに小さな」も手で高さを示すなど、子どもにわかりやすく。

Point❷　学校だけでなく保護者の努力も必要であることを理解してもらえるように。新入生の保護者にも協力してほしいことを伝えるため、「皆様とともに」を強調。

新入生へのお祝い ｜ 「食わずぎらい」の説明 ｜ これからの生活に向けて

「食わずぎらい」をする前に

皆さん、入学おめでとうございます。また、本日のお子さんの姿に、喜びとそして誇りを抱かれていらっしゃるご家族の皆様にも、心よりのお祝いを申し上げます。

今日から一年生の皆さん、今朝はどんな気持ちでしたか。今日のお日様みたいに、元気いっぱいでしたか。それとも、ちょっとドキドキしていたかな。朝ごはんは、ちゃんと食べてきましたか。

ごはんと言えば、皆さんは、どんな食べ物が好きですか。好きなものがたくさんあると、ごはんを食べるのも楽しいですね。

でも、食べる前からなんとなくいやで、せっかくおうちの人につくってもらったおかずを食べずに残してしまうことはありませんか。見た感じが好きじゃないとか、今まで食べたことがないからという理由で、❶食べないうちから「これ、嫌い！」と言ってしまうのを、「食わず嫌い」と言います。

❷食べていないから、まだ味はわからないのに「嫌い」と決めてしまうのは、もったいないですよね。食べてみたら、本当はおいしいかもしれません。大好きな食べ物になるかもしれません。

新しいことやはじめてのことを、何となくいやだなあって思う気持ちも、「食わず嫌い」と同じですね。皆さんは、小学校に入ると、勉強とか、運動とか、お友だちとするいろいろな活動とか、新しいことにたくさん出会います。そのなかには、何となくつまらなそうだな、たいへんそう

Point❶ 言葉の意味がはっきり伝わるように「これ嫌い！」は、眉をひそめて渋い表情で言うなど、感情を込めて。

Point❷ 子どもが聞きながら考えられるよう、ゆっくり間を取りながら話す。

言い換え 「学校では、毎日、勉強をします。体育の時間には運動もします。自分たちが使う教室をみんなで掃除したり、教室で給食を食べたりもします。幼稚園や保育園とは違う、はじめてのことがいっぱいあります」

この例文のねらい

「食わず嫌い」という言葉を紹介し、始める前に「いやだ」と思ってしまってはもったいない、何でもまずやってみよう、という心構えを伝える。

新入生へのお願い

だな、と思うようなことも出てくるかもしれません。

でも、そんなときこそ「食わず嫌い」はしないで、まず、やってみましょう。最初はいやだと思っていたのに、やってみたらいい気分になったり、楽しくなったりすることはたくさんありますよ。

❸やってみて、もし困ったことがあったら、先生やおうちの人、友だちに相談すればいいですね。楽しくないことがあったら、どうしたら楽しくなるか、自分で考えたり、みんなで話し合ったりしてみましょう。

好き嫌いをしないで、いろんなものをたくさん食べると、皆さんの体が元気に大きくなるように、いろんなことをたくさんやってみると、皆さんの心も頭も大きくなります。これから、青葉台小学校での六年間で、どんどん大きくなってくださいね。

Point ❸ さりげなく解決法を示す。ただし、子どもの「やってみよう」という意欲を失わせないよう、うまくいかない場合を強調するニュアンスにならないように注意する。

他にも

「はじめてのことを楽しむ」話をするなら

【話の展開】イチロー選手など、アメリカの大リーグで活躍する日本人選手がたくさんいますね。大リーグのボールは持った感じや飛び方が日本のボールとは違うので、選手たちも慣れるのがたいへんです。でも選手たちは、そうした違いを新しい挑戦として楽しんでいるのです。

【ねらい】どんな人にでも、新しいことやはじめてのことはある。そうしたことを積極的に楽しもうとする姿勢が、よい結果を生んでいると話して、今後の生活に積極的に取り組めるように励ます。

小学生とはいっても

当たり前ですが、同じ小学生でも、一年生と六年生ではまるで違います。スピーチする相手は新一年生、幼稚園や保育園を卒園したばかりです。言葉の選び方や話すスピードなど、そのことを十分意識して考えましょう。

逆に卒業式のスピーチでは、子どもっぽくなりすぎないよう注意を。

この例文のねらい　学校生活の楽しさや学校の特色を具体的に紹介し、これから一緒に生活していく仲間として、新入生を歓迎する気持ちを表す。

小学校 入学式

在校生代表歓迎のあいさつ

新入生へのお祝いと学校生活の紹介 ｜ 学校の特色の紹介 ｜ 歓迎のあいさつ

学校は楽しいよ

一年生の皆さん、こんにちは。今日から皆さんも、私たち桜台小学校のお友だちですね。入学おめでとうございます。

小学校では、毎日、授業があって、勉強をします。でも、ずっと机の前に座っているわけではありません。体育や図工や音楽もあるし、理科の実験や観察、社会科見学などもあります。

勉強して、新しいことを覚えたり、今までわからなかったことがわかったりするのは、とても楽しいです。休み時間には、友だちとおしゃべりしたり、校庭で遊んだりします。昼休みにサッカーをしたり、鬼ごっこをしたりするのも楽しいですよ。毎年、一年生から六年生まで、みんなでがんばる運動会もあります。一生懸命練習して、本番の日は、先生も、家族の人たちも、みんなで盛り上がります。

❶それから、桜台小学校の自慢は給食です。皆さん、今日学校に来るとき、学校の周りに畑があるのを見ましたか。給食には、学校の近くの畑で農家の人たちがつくってくれている、いろいろな野菜が出ます。

四年生からは、その野菜をつくるお手伝いにも行きます。自分たちで、種まきをしたり、草取りをしてつくった野菜を食べる給食は、とてもおいしいです。皆さんも楽しみにしていてくださいね。

❷今日から、皆さんが新しい仲間になって、本当に嬉しいです。何かわからないことがあったら、私たち上級生に何でも聞いてください。これから仲よくしましょうね。

Point❶ 学校生活の楽しさを伝えるだけでなく、自分たちの学校の特色や自慢できる点を、できるだけ具体的に紹介する。

Point❷ 新入生が早く学校に慣れ、学校生活を楽しめるよう、上級生が協力することを伝えて結ぶ。

この例文のねらい　入学式挙行へのお礼を伝える。また、これまでに学校や在校生から受けたよい印象を語り、学校への期待と新入生の成長への期待を表す。

小学校 入学式

新入生保護者代表あいさつ

歓迎のお礼｜学校の印象と新入生への期待｜関係者へのあいさつ

すてきな小学生に

おだやかな春の日差しのなか、先生方、上級生の皆さん、そして学校関係の方々の笑顔に迎えられ、仲川小学校での生活が始まりました。

皆様から歓迎やお祝いの言葉をいただき、子どもたちも、そして私ども家族も、これからの楽しい学校生活を思い描いて、胸躍らせています。すばらしい式を開いていただき、本当にありがとうございました。

私の家の前は、仲川小学校に通う皆さんの通学路になっています。毎朝見ていますと、たとえば上級生が、横断歩道を渡るときは手を上げるよう、下級生に教えてあげています。また、歩道から道路に出そうになると、うしろからそっと注意します。下級生も、上級生が大好きなようで、にこにこと上級生の言うことを聞いています。そして、毎朝私たちに、元気な声で「おはようございます」とあいさつをしてくれます。こうした皆さんの姿を見て、いつも、すてきな小学生だな、我が子もこんな小学生になってほしいなと思っておりました。

今日、入学した新一年生の皆さんも、これから、少しずつでも上級生を見習って、すてきな小学生になってほしいと思っています。

❶そのためにはもちろん、私たち家族も、すてきにならないといけません。学校の一員として、また地域に住む大人の一人として、子どもたちが安全ですこやかに毎日を過ごせるよう、少しでもお役に立てたらと思っております。先生方、先輩保護者の方々、これからよろしくお願い申し上げます。

言い換え
「さわやかな春の風のなか、皆様のあたたかな歓迎をいただいて、新入生七十四名と、その家族の新しい生活がスタートすることになりました」

Point❶
学校や子どもに一方的に期待するだけではなく、自分たちもともに努力していく気持ちを表す。

中学校

入学式

校長式辞

新入生へのお祝い → 「三つのC」の紹介

今求められている「三つのC」

入学、おめでとうございます。これから皆さんは、この中学校の生徒として、勉強やスポーツやクラブ活動に打ち込む日々を過ごすことになります。充実した中学生活を送れるよう、がんばってください。

さて、二十一世紀に入り、時代の変化は、ますます激しくなっていると言ってよいでしょう。社会の変化に流されることなく、一人の中学生として、たくましく生きていくためには、何が必要なのでしょうか。

もちろん、基礎的な学力や体力は欠かせません。しかし、それ以外にも、❶次の三つのものが必要なのではないかと、私は考えます。

まずひとつめは、変化に挑戦していく「勇気」です。ふたつめは、変化のなかでも自分を「コントロール」する、つまり「自制する」心です。そして最後は、自分以外の人ときちんと向き合い、よりよい関係をつくっていくための「コミュニケーション」能力です。それぞれを英語で言うと、「Courage Control, Communication」となります。すべて最初の文字がCになるので、これを「三つのC」と呼ぶことにします。

❷この「三つのC」は、今、子どもや若者だけでなく、大人にも欠けていると言わなければなりません。間違ったことや不正を見ても、ただ知らん顔をしているのは、勇気が欠けているからです。ちょっとしたことで怒りを爆発させ、人に迷惑をかけたり、ひどいときには、暴力をふるったりするのは、自分を抑える力が欠けているのです。そして、相手の言葉によく耳を傾け、自分の言いたいこともしっかり伝える、コミュニケー

Point❶ 最初に「三つ」と数を明確にし、ひとつずつ、キーワードを挙げていく。キーワードのひとつひとつが、きちんと伝わるよう、はっきり区切り、間を取る。

Point❷ その場にいる生徒だけに何かを強いているのではなく、大人も含めた社会全体の課題でもあることを伝え、子どもたちの共感を得られるようにする。

この例文のねらい

中学生活の目標として生徒に持ってほしい「勇気」「克己心」「コミュニケーション力」を「三つのC」として提示する。保護者にも家庭での協力をお願いする。

新入生への呼びかけ

ション能力も失われてきています。

人が十人いれば、十通りの考え方があります。そのなかで、考え方の共通点を探り、お互いに理解を求め、意見が一致したこと、納得して決めたことは、きちんと守っていく。これは、人が集団で何かをするときの土台になります。学校生活も集団での生活ですから、話し合いを大切にして、お互いに楽しい学校生活を過ごせるように努力しましょう。そして、その話し合いの場には、ぜひ先生も加えてください。きっといいアドバイスをしてくださることでしょう。

保護者へのお祝いとお願い

保護者の皆様にも、お祝いを申し上げます。「三つのC」のうち、コミュニケーション能力を育てるには、ご家庭の対応もとても大切です。ぜひお子さんの言い分をよく聞き、そのうえでご家族のご意見をはっきり伝えて、話し合う機会を持ってください。よろしくお願いいたします。

❸新一年生の皆さん、今日から、この「三つのC」を心に刻んで、二十一世紀をたくましく生き抜く人になってください。期待しています。

言い換え　「みんなで話し合うときには、先生にも声をかけ、話し合いに加わってもらうとよいでしょう」

Point❸　最後にもう一度「三つのC」を強調し、このスピーチのテーマを印象づけて結ぶ。

他にも

「何か行動を起こすときの心構え」の話をするなら

【話の展開】何かを決めるときは、「かきくけこ」が大事です。まず自分で「考え」、さらに人の意見を「聞き」ます。これを「繰り返し」、それから「結論」を出して「行動」します。自分の考えだけでなく、他人の意見だけでもなく、両方をじっくり考えるようにしましょう。

【ねらい】自分の感情や考えだけで突き進むのではなく、他人の意見に流されるのでもなく、両方を考えたうえで、自分の結論を出すことが大切であり、「かきくけこ」はそのための方法であることを伝える。

中学校 入学式

来賓祝辞①

新入生へのお祝い ｜ 「情けは人のためならず」と「人」の紹介

人とのつながりを大切に

緑山中学校へのご入学、おめでとうございます。ご参列のご家族の皆様も、さぞ、今日の日をお喜びのことと思います。心よりお祝いの言葉を述べさせていただきます。

さて、皆さん、「情けは人のためならず」ということわざを聞いたことがありますか。

相手に同情し、やさしくしたり甘やかしたりすると、結局相手のためにならない、という意味だと思っている人もいるかもしれません。でも、本当の意味は違います。相手によいことをすれば、それは相手によいだけでなく、いつかは、めぐりめぐって自分のところに返ってくる、という意味なんです。だから「人のためならず」、つまり「人のためではない」と言うんですね。なぜなら、相手によいことをするのは、自分のためでもあるからです。

❶もちろん、すぐに自分に見返りがあるから、それをねらって相手にやさしくするという意味ではないですよ。たとえば、今、皆さんが電車でお年寄りに席を譲ったとしましょう。そうして若い人がお年寄りに席を譲るのが当然という風潮が定着していけば、いつか自分が年を取ったとき、中学生が席を譲ってくれるようにもなるだろう、というくらいの余裕を持った気持ちです。

では、もうひとつ。「人」という漢字は、お互い支え合っているという話を聞いたことがありますか。❷二本の線が支え合って、ひとつの漢字、

Point❶
ここで、硬い印象のことわざの説明から、やわらかい印象のたとえ話へと雰囲気が変わる。それに合わせて、少し肩の力を抜いた口調に変えるとスピーチにもリズム感が生まれる。

Point❷
「人」という漢字を指で書いて見せる、あるいは両手で形をつくって見せるなど、二本の線が支え合っていることを印象づける工夫を。

この例文のねらい

「情けは人のためならず」のことわざと、「人」という漢字の成り立ちを例に、人はお互いに助け合い、支え合っていることを話し、人のつながりの大切さを伝える。

新入生への呼びかけ

「人」という字をつくっていますね。じつはこれも、「情けは人のためならず」と同じことなんです。

相手のためになることをするのが、自分のためでもあるように、相手のことを考え、支えるというのは、自分も同じように、相手に思ってもらい、支えてもらっているということです。

今、自分の周りにいる人たちのことを考えてみてください。家族や友だちに、たくさん助けてもらっていませんか。皆さん自身は、同じように、相手のことを考え、支えていますか。皆さんと周りの人とがつくる、たくさんの「人」の字がきっとあるはずです。

❸ふたつの例でお話しましたが、人は、一人で生きていくことはできません。多くの人に囲まれて、多くの人と助け合って生きています。

新入生への期待

皆さんも、これから始まる中学生活で、たくさんの新しい友だちや、先生に出会うことでしょう。ぜひ、その出会いを大切にし、人とのつながりをたくさんつくって、深めていってください。

Point❸
もう一度、大切な部分を繰り返してまとめ、最後の呼びかけへとつなげる。

言い換え
「中学時代に築いた友だちや先生とのつながりは、その後もずっと続く、皆さんの心の財産になります。ぜひ、人とのつながりを大切に、中学生活を過ごしてください」

新入生へのお祝い ｜ 学び続ける大切さ

学び続ける心を持とう

山の原中学校、新入生の皆さん、おめでとうございます。皆さんの入学を心よりお祝い申し上げます。

今日はお祝いの言葉として、元上野動物園園長、中川《なかがわ》志郎《しろう》さんのお話を皆さんに贈りたいと思います。

小学五年生のある少年が、夏休みの宿題にドジョウの観察記録を書くことにしました。ドジョウを見ていた少年は、ドジョウのお腹のあたりから、時々プクプクと泡が出ていることに気がつきました。❶「ドジョウがおならをしている！」と、この大発見に興奮した少年は、泡が何個出るのか、泡の大きさはどのくらいかなどを調べ、「ドジョウのオナラ日記」としてクラスで発表しました。クラスのみんなは「オナラ」と聞いただけで大笑い。少年の話を聞いてくれなかったそうです。しかし、担任の先生の提案で、クラスのみんなで観察をしたところ、たしかに、お腹のあたりからプクプク泡が出ていることがわかりました。

じつは、ドジョウはえらで呼吸をするほかに、「腸呼吸」という呼吸をしているんです。時々水面に浮かんでは、口から空気を吸い込み、また水に潜ります。そして水中で腸を使って酸素を吸収し、不要になった空気を泡として出します。この泡がまるでおならのように見えたのですね。

五年生でドジョウのおならを発見した少年は、この発見で動物に興味を持ち、その後ずっと動物と関わりながら勉強を続け、一流の動物学者になりました。そして、上野動物園の園長になったのです。❷もう、わ

Point❶
「ドジョウがおならをする」というユーモラスな表現を生かすことで、そのあとに続く話への関心を高める。ただし、これは出典や話の結末に意義があるからできること。興味をひくためだけに下品な言い回しを使うことは避ける。

Point❷
最初に予告せずに、ここではじめて「じつはこの話はこの偉人のエピソードです」と種明かしする方法もある。その場合は「もったいぶっている」印象にならないように気をつけて。

この例文のねらい

最初は小さなことでも、興味や関心を持ち学び続けることによって、将来の自分の生き方に大きな影響を与える。そのことを実際にあったエピソードを例に伝える。

保護者へのお祝い

かりましたね。この少年が、最初に申し上げた中川志郎さんです。

最初はどんなに小さなことでも興味を持ち、学び続けると、それが積み重なってすばらしい発見につながっていくことは、ノーベル賞を受賞した白川英樹《しらかわひでき》さん、田中耕一《たなかこういち》さんが書かれたものや、講演の記録などを読んでもよくわかります。❸どうか皆さんも、小さなことでも、自分が抱いた興味や関心を大切にし、学び続けることで、大きく育てていってほしいと思います。

保護者の皆様、本日はおめでとうございます。すぐに結果が出ることを評価しがちな今日この頃ですが、中学生という時代に、自然や社会のさまざまな面に興味や関心を持つことは、将来への種をまくという意味でも、とても大切なことだと思います。お子さんが、自分で見つけた興味を育て、学び続けることができるようお祈りして、簡単ですが、お祝いの言葉とさせていただきます。

Point❸
単なるおもしろい話で終わらないよう、最初に「どんなメッセージをこの場で贈るべきか」という軸をしっかり持つことが大切。

言い換え
「偶然にでも見つけた興味の種を、ご家族の方々も一緒に見守っていただき、そこから芽が出て、やがて大きく育っていくように」

他にも

「続けることの大切さを伝える」話をするなら

【話の展開】「できないからこそおもしろい」と考えたことがありますか。簡単に答えや結果が出ず、できない、わからないからこそ、いろいろ試してみたり、工夫したりできます。そこがおもしろい、ということです。あきらめずに、「できない」を楽しみ続けることが、すばらしい結果に結びつくのです。

【ねらい】「できないからおもしろい」という逆説的な言い方で興味をひき、簡単にはできないことへのチャレンジを続け、それを楽しむ姿勢こそが大きな成果につながることを伝える。

PTA代表祝辞①

新入生へのお祝いと自己紹介

「もったいない」の知恵

皆さん、本日はおめでとうございます。今朝、出がけに空を見たら、きれいに澄んだ青空でした。まるで、今日入学する皆さんをお祝いしているようで、私もとても嬉しくなりました。

ご参列の保護者の皆様にも、お祝いを申し上げます。ただ今ご紹介いただきました河村と申します。今日から、森村中学校の保護者どうし、よろしくお願いいたします。

ワンガリ・マータイさんと「もったいない」

さて、新入生の皆さん、ワンガリ・マータイさんという方をご存知ですか。ケニアの環境副大臣で、ノーベル平和賞を受賞した女性です。環境保護の活動を続けているマータイさんは、❶「MOTTAINAI」この言葉を世界に広めようと訴えています。この言葉、読めますか。そう、これは日本語の「もったいない」という言葉です。日本に来て、「もったいない」という言葉、考え方を知った彼女は、これこそ環境問題を考えるのにふさわしい言葉だと感じたそうです。

皆さんは、ふだんこの言葉を使っていますか。では、どんなときに使うのでしょうか。まだ使えるものや、何かに利用できるものを、ムダにしてしまうときですね。「どうしてムダにするの、どうして捨ててしまうの」という感情を込めた言葉だと思います。

昔の日本では、獲物として捕らえたクマやクジラなどを、すべてムダにすることなく利用していたと言います。肉を食べるだけでなく、毛皮、内臓、油などを、それぞれ生活に役立てていました。

Point①

「MOTTAINAI」の部分はすぐ言わずに、紙にローマ字で大きく書いたものを見せ、少し考えさせる時間を取るとよい。一見、外国語の話かと思ったら、日本の文化の話だという意外性で、話の続きに興味を持たせることができる。

言い換え

「最近身の回りで、この言葉を使ったり、聞いたりしたことがありますか。それは、どんなときでしたか」

この例文のねらい

物を大切にする「もったいない」の話から始め、経験することすべてをムダにせず、今後の自分に生かしていってほしいという考え方へと話を展開する。

新入生への期待

また、何かを繰り返し使うのも、まだ使える、「もったいない」と考えるからです。たとえば、物を包むのに使う風呂敷は何度でも使えます。包装紙のように、一度使っただけで捨てるものではありません。しかも、風呂敷は古くなって着られなくなった着物からつくることができます。着物として役に立たなくなった布も、そのあとまた、風呂敷として長く使うことができるのです。こうした日本の知恵はとてもすばらしい、とマータイさんは話しています。

❷ただ、今の日本には「もったいない」ことがたくさんあるのも事実ですね。昔の人たちより、今の私たちのほうが、知恵が少なくなっているのかもしれません。

この、「もったいない」の考え方のように、人間には、一見役に立たないようなものでも、上手に利用する知恵があります。

そしてこれは、物についてだけではない、と私は考えています。皆さんが今まで経験してきたこと、そしてこれから新しい中学校生活のなかで経験していくこと、すべて、皆さんが成長していくうえで、役に立つことなんです。ムダにしたら「もったいない」の気持ちで、知恵を働かせ、いろんなことを学んでいってください。

Point❷

問題を具体的に語らず、さりげなく暗示する程度に留め、聞いている人それぞれが、自分なりに「もったいない」について考える幅を持たせる。

中学校 入学式

PTA代表祝辞②

新入生へのお祝い ｜ 互いに認め合うことの大切さ

はじめの一歩

❶小さなときに「だるまさんがころんだ」や、ジャンケンの「グリコ」で遊びませんでしたか。そのとき最初にみんなで、「はじめのいーっぽ」と言って、一歩動きましたよね。今日が皆さんの、中学生としての「はじめの一歩」です。ご入学おめでとうございます。

遊びの「はじめの一歩」で一歩動くとき、思いっきり遠くへ跳ぼうとする人、ちょっとだけ動く人、いろいろなやり方をする友だちがいたと思います。今日の一歩も、おそらく皆さんそれぞれ、考えていることや感じていることは違うでしょう。

この「違う」とは、どんなことでしょうか。たとえば、ある人が一冊の本を読み、とても感動したとします。そこで友だちにその本を貸し、読むようにすすめました。本を借りて読んだ友だちも、やはりとても感動しました。けれど、一緒にその本の話をしているうちに、それぞれ感動したところが、まったく別のシーンだったことがわかりました。

こんなとき、もし片方が❷「それはおかしいよ。感動するならこのシーンに決まっているじゃないか。ここに感動しろよ」と言い出したら、どうでしょうか。相手は困ってしまいますね。

仲がよいからといって、何でも同じように感じたり、考えたりするとは限りません。むしろ違うことのほうが多いものです。だから、お互いに話し合い、相手の気持ちや考え方を認め合うことが大切なのです。

今日、一緒に「はじめの一歩」を迎えた新しい仲間たちや、これから出

Point❶ このスピーチのキーワードとなる「はじめの一歩」の紹介から話し始め、お祝いの言葉につなげる。

Point❷ 困ることが具体的なイメージとして伝わるように、「　」内はやや強い口調で話すとスピーチにメリハリがつく。

この例文のねらい

「はじめの一歩」をキーワードに、人はそれぞれ考え方に違いがあり、互いに相手を認め合うのが大切なこと、また毎日が新しいスタートであることを伝える。

会う先輩や先生方にもいろんな人がいるはずです。❸自分とは考え方の違う、いろんな人と出会えるほうが、おもしろいと思いませんか。

これからの生活に向けて

今日は皆さんの中学生としての「はじめの一歩」ですが、明日からも、朝起きれば、毎日、新しい一日の「はじめの一歩」です。今日はどんな人に会えるか、どんなことがあるのか、ワクワクしながら毎日「はじめの一歩」ができるといいですね。皆さんにとって、すてきな中学校生活でありますようにとお祈りしています。

保護者へのお祝いとお願い

保護者の皆様、本日はおめでとうございます。お子さんたちも、そしてご家族の皆様も、今日から新しいスタートです。微力ではありますが、私どもが経験者としてお力になれることもあるかもしれません。PTAの活動は、保護者と学校や先生方、そして保護者どうしが、お互いに知り合い、理解し合って、子どもたちのすこやかな成長を見守り、促していくものだと考えています。ぜひ、積極的にご参加くださいますよう、よろしくお願い申し上げます。

Point❸

聞いている人が自分なりに考えてほしい場面では問いかけの口調にし、言い終わったら、少し間を取る。ただし、何度も多用せずに、話のポイント部分に絞って使うのが効果的。

言い換え

「お子さんの入学を心からお喜びのことと思います。また、新しい学校や、先生、保護者どうしの関係など、慣れない環境で多少ご不安な点もありますでしょうか」

他にも

「違いを認め合い仲よくする」話をするなら

【話の展開】以前、イギリスから来た友人とそば屋に行ったとき、音を立ててそばをすする日本人に、友人はあきれた顔をしました。イギリスでは音を立てて食べるのは、とても失礼なことだからです。しかし日本のそばの食べ方の話をしたら、その違いをわかってくれました。

【ねらい】自分たちとは違う生活習慣のエピソードを具体的に話して興味をひくとともに、それぞれの生活習慣には、それぞれの成り立ちがあり、互いに認め合うことが大切だと理解させる。

テーマのヒント

- 部活動などを例に、中学時代にひとつのことに打ち込むすばらしさを伝える。
- 先生から言われたことだけをするのではなく、自分なりの目標を持とうと呼びかける。
- 環境問題などを例に、身近なことだけでなく、広く世界に目を向けようと説く。
- 大人料金になることを例に、自覚を持って社会のルールを守ろうと伝える。

この例文のねらい　自主性を重んじる校風を紹介し、6年間の成長を期待する言葉を贈る。また、校風に慣れていない保護者の不安をやわらげる言葉も添える。

中学校 入学式

PTA代表祝辞③

新入生へのお祝いと学校の紹介　／　新入生への期待　／　保護者へのあいさつ

六年後の皆さんと（中高一貫校の例）

今日、皆さんは、❶中学生としてこの学園の門をくぐりました。おめでとうございます。そして、これから六年間、敬愛学園の生徒として過ごします。六年間と言えば、小学校で過ごしてきた時間と同じですね。

小学校六年間で、皆さんは体も大きくなり、多くのことを学び、いろいろなことができるようになったでしょう。ではこれから、皆さんはどのように成長していくのでしょうか。

この学園は、とても規則の少ない学校です。どうしてでしょう。それは、いろいろなことを皆さんが自分たちで考え、決められるようにするためです。自分たちで考えて決めるというのは、何でも好き勝手にしていいという意味ではありません。自分たちで目標を決め、そのために必要なルールや協同生活を、自分たちの手でつくりあげていくことです。

今、皆さんの前にいる先輩方も、そうやって、自分たちの学校生活をつくりあげてきました。敬愛学園の生徒として、どのように成長していくかは、皆さん次第です。もちろん、先輩方や先生方、そして私たちも、ともに学校をつくっていく仲間です。でも、自分の学校生活を充実させる主役は、皆さん一人ひとりです。それは忘れないでくださいね。六年後の皆さんの成長した姿を見るのが、今から楽しみです。

保護者の皆様にもお祝いを申し上げます。卒業生も多く、結束の固いPTAですので、はじめは少し戸惑われることもあるかもしれませんが、仲間として気軽に声をかけ、何でも聞いていただければ幸いです。

Point❶
中学生としての入学を祝いながら、これから中学・高校の六年間をこの学校で過ごすことを、改めて思い起こしてもらう。

言い換え
「敬愛学園は保護者にも卒業生が多く、校風や慣習をごく自然に受け入れているため、はじめての方には多少なじみにくい部分もあるかと思いますので、もし何かありましたら」

この例文のねらい　入学を迎える喜びと入学式挙行へのお礼を伝える。また、制服を例に、上級生のしっかりした印象をたたえ、新入生の成長への期待を伝える。

中学校 入学式

新入生保護者代表あいさつ

歓迎のお礼｜上級生の印象と新入生への期待｜関係者へのあいさつ

充実した三年間に

真新しい制服を着て、こうして並んでいる皆さんの姿を見ていますと、改めて、中学校の入学式なのだなあと感慨深い思いです。新入生の保護者の一人として、ひと言お礼の言葉を述べさせていただきます。

本日は、新入生と私どもその家族を、あたたかい雰囲気に包まれた式で歓迎していただき、本当にありがとうございました。

先日、学校の制服が届きまして、うちの子も着てみたのですが、何かまだぎこちないというか、本人も、鏡の前で照れくさそうな顔をしておりました。お祝いの言葉をいただいた先輩をはじめ、上級生の皆さんの姿を見ると、制服もしっくりとなじみ、三年間でこんなに成長し、大人らしく、しっかりしてくるんだと、とても嬉しく感じております。もちろんそのためには、新入生一人ひとりが、そして家族もともに、先生や皆様のご指導のもと、努力していかなくてはなりません。

❶新入生の皆さん、中学生になった気分はいかがですか。まだ、ちょっと不安があったり、緊張したりしているかもしれませんね。これからの三年間で、ここにいる先輩方のように、自信を持って制服が着られるよう、どうぞ実りある中学生活を送ってください。

新入生六十一名の中学校生活が、充実したものになるよう、私たち保護者も、できることは精いっぱいやっていきたいと思います。先生方、先輩保護者の方々、これからよろしくお願いいたします。

言い換え
「新一年生とその家族を代表して、お礼の気持ちをお伝えします」

Point❶
新入生に呼びかける。新入生の保護者代表なので、比較的親しみを込めた雰囲気でよいが、実際には初対面の生徒、保護者が多いので、あまりなれなれしくなりすぎないように。

この例文のねらい　中学生活への決意を５項目の誓いの言葉として述べることで、要点の明確な、引き締まったあいさつにする。

中学校

入学式

新入生代表誓いの言葉

歓迎のお礼　｜　目標の表明　｜　決意とあいさつ

五つの目標

❶今日から、私たちは岩沢南中学校の一年生になりました。まだ中学校生活の第一日目なので、少し緊張しています。けれども、校長先生をはじめ皆様方から励ましの言葉をいただき、早く学校に慣れ、中学生として毎日をがんばりたいと思いました。ありがとうございました。

今から、皆さんの前で中学生活の目標を発表し、これを新入生の誓いの言葉にします。

一、行動する。勉強、クラブ活動、学校の行事など、自分から積極的に行動します。

二、考える。中学生として、岩沢南中学校の生徒の一員として、どうすればよいかをしっかり考えます。

三、理解する。わからないことはわからないままにせず、人に聞いたり、調べたりして、理解するように努めます。

四、話し合う。自分の気持ちや考えを、相手にわかってもらえるようにはっきりと伝えます。相手の話をよく聞き、周りの人の気持ちや考えを大切にします。

五、ルールを守る。「少しならいいや」と気をゆるめないように注意して、決まりをきちんと守ります。

❷すぐに全部できるとは思いませんが、この五つの目標に近づけるように、努力していきたいと思います。

先生方、先輩方、そして皆さん、よろしくお願いいたします。

Point❶　入学式を迎えた気持ち、新入生としての緊張感を素直に伝える。弱々しくならないように、堂々と。

Point❷　目標に向かって努力を続けるという決意を語り、これから成長していきたいという願いを表す。

この例文のねらい　中学生活を紹介しつつ、同じ学校の仲間として、自分たちが先輩から受け継いだものを一緒に育てていこうというメッセージを伝える。

中学校 入学式

在校生代表歓迎のあいさつ

歓迎のあいさつ ／ 中学生活の紹介 ／ 新入生へのお祝い

皆さんは私たちの仲間です

新一年生の皆さん、ご入学おめでとうございます。皆さんを新しい仲間として迎えることができ、私たち二年生、三年生も、とても喜んでいます。

中学校が小学校と大きく違うところは、まず毎日の授業です。毎時間、科目ごとに先生が替わります。先生によって話し方や授業の進め方が違うので、いろいろな授業が経験できます。楽しみにしてください。

もうひとつはクラブ活動です。スポーツ、音楽、文化部などたくさんのクラブがあり、ほとんどのクラブが放課後、毎日のように活動しています。❶私は吹奏楽部に入っていますが、春と秋には地区の演奏大会があり、今も、一生懸命練習しています。うまく演奏できなかったり、苦労することもたくさんありますが、部員みんなで毎日努力し、いい演奏ができたときの気分は最高です。苦労を分かち合った仲間と一緒に喜び合えるのも、クラブ活動ならではだと思います。

中学ではこのように、クラブや委員会、行事などを通して、クラスや学年が違っても、たくさんの仲間や友だちができます。とくに先輩からは、多くのことを学べます。今年卒業した先輩方も、時に厳しく、時にやさしく、私たちにたくさんのことを教えてくださいました。

❷今日から皆さんも、笹崎中学校の一員です。私たちが教わってきたことをたくさん伝えたいし、ともに新しいものをつくりあげていきたいとも思っています。一緒に、充実した中学生活にしていきましょう。

言い換え　「今日は、これから一緒に笹崎中学校で生活していく皆さんに会えて、とても嬉しく思います」

Point❶　活動の様子がイメージしやすいように、ある程度、具体的に伝える。全国大会出場など、際立った結果を出している活動があれば、その話をするのも、学校の特色の紹介となる。

Point❷　最後にもう一度、仲間であることを伝え、歓迎の言葉で結ぶ。

高等学校 入学式

校長式辞

新入生へのお祝いと期待

ものの見方・考え方の変化について

いろいろな面からものごとを考えよう

稲田川高校に入学した皆さん、おめでとうございます。ご参列の保護者の皆様にもお祝いを申し上げます。

今日から皆さんは、高校生としての生活を始めますが、❶高校では、ぜひ一生懸命勉強をしてほしいと思います。この勉強とは、それぞれの教科の知識のことだけを言っているわけではありません。高校生だからできる勉強をしてほしいと思っています。

皆さんは「水・金・地・火・木・土・天・海・冥《めい》」という言い方を知っていますか。かつてはこのように、太陽系の惑星の名前を覚えたものです。ところが、今では冥王星《めいおうせい》は惑星ではなくなりました。

では冥王星と呼ばれていた星自体が消えてしまったのでしょうか。いいえ、違います。それとも、冥王星の大きさが変化し、惑星とは呼べないほど小さくなってしまったのでしょうか。そんなこともありません。冥王星という星、天体そのものは、何も変わってはいません。変わったのは、人が冥王星を見る見方、惑星について考える考え方のほうなのです。そして、その見方や考え方が変わったのは、天体観測の技術の発達によって、宇宙の様子がより詳しくわかるようになったからです。

天文学の例で言えば、天動説と地動説も同じです。実際に地球や太陽の動き方が変化したわけではありません。ガリレオ・ガリレイが、「それでも地球は動く」と言ったとされる有名なエピソードがあります。その話は後世の創作と言われていますが、少なくとも彼は、当時最新の技術

Point❶ 高校生活で勉強に取り組んでほしいとはっきり伝えると同時に、「勉強」とは、教科の学習だけに限らないことを明確にする。

この例文のねらい

新しい知識を得ることで旧来のものの見方や考え方が変化することを、天文学を例に話す。そこから、ひとつの枠組みにとらわれず、広い視野を持つことを学んでほしいと伝える。

新入生への期待

だった望遠鏡を天体観測に使えるように改良し、木星の衛星や太陽黒点が動いていることなどを発見しました。こうした発見をもとにして、認める人がほとんどいなかった地動説の正しさを信じ、新しい見方、考え方を広めようとしたのです。

高校生になった皆さんには、自分で知ろうと努力すれば、いろいろなことを知るチャンスがあります。❷今のふたつの例のように、新しいことを知れば、新しいものの見方や考え方が生まれてきます。

決まったひとつの枠組みのなかだけでものを見たり、考えたりするのではなく、その枠を広げたり、外したりしてみてください。多種多様なものの見方や考え方があることを知り、ひとつのものをさまざまな面から見たり、考えたりできる力を身につけてください。ひと言で言えば、「広い視野」を持ってください。これが、私が高校生となった皆さんに一番勉強してほしいことのひとつです。❸皆さんの三年間と、そして将来に期待しています。

Point❷ 例からわかることを整理してまとめたうえで、「ひとつの枠組みにとらわれない」という話へとつなげる。

言い換え 「高校生という、まだ若くて柔軟な頭と心を持っている皆さんだからこそできる、大切な勉強のひとつです」

Point❸ 最後に、もう一度新入生への期待を述べて結ぶ。

他にも

「広い視野を持つ」話をするなら

【話の展開】 植物から自動車の燃料がつくられ、トウモロコシなどを燃料用に生産する国も増えています。環境にはよいことなのですが、一方、世界全体で見ると食料不足の問題もあります。その畑では食料をつくれないからです。このように、ひとつのものごとには、いろいろな側面があります。

【ねらい】 植物燃料のよい点、その一方で起きる問題点を例に、ものごとにはいろいろな面があること、片方だけを見るのではなく、全体を見て考えなくてはならないと伝える。

新入生・保護者へのお祝いと詩の紹介

身の回りの人を思いやる想像力を

やわらかな春の光のなか、今日の日を迎えられた新入生の皆さん、そしてご列席の保護者の皆様に、心よりお祝いの言葉を申し上げます。

❶今日は、私が感銘を受けた詩人についてお話しさせていただきたいと思います。その方は大正時代後期に活躍した金子みすゞという人です。二十六歳の若さで亡くなった薄幸の詩人ですが、そのすぐれた感性から生まれた詩には、読む人をはっとさせる視点があります。

有名な「大漁」という詩は小学校の教科書にも載っているので、皆さんもご存知かもしれません。「鰯《いわし》の大漁で人々がわく浜は祭りのようだけれど、海のなかでは鰯がとむらいをしているだろう」という内容の詩です。大漁で大喜びする人たちのなかで、誰が鰯の悲しみに目を向けるでしょうか。そんな思いやりのある想像をする人はいないでしょう。

もうひとつ、「つもった雪」という詩を紹介します。

❷「上の雪／さむかろな。／つめたい月がさしていて。／／下の雪／重かろな。／何百人ものせていて。／／中の雪／さみしかろな。／空も地面《じべた》もみえないで。」

皆さんは積もった雪を見て、こんなふうに思ったことがありますか。白くてきれいだなと感じたり、雪かきをするのはたいへんそうだと思ったりはしますが、雪の身になって、ほかの雪を思いやるなんて、まず考えられませんね。上の雪は寒い思いをしているだろう、下の雪は重かろう、と感じる金子みすゞさんは、なんてやさしい人なのでしょう。

Point❶ 作者について簡潔に紹介する。経歴などを詳しく紹介しすぎて、この部分が長くならないように気をつけて。

Point❷ 詩の朗読。内容に合わせて、おだやかな落ち着いた口調で、ゆっくり間を取りながら読む。

※金子みすゞ童謡集『わたしと小鳥とすずと』（JULA出版局）より。本文中の「／」「／／」は、それぞれ原文では改行、一行あき。

この例文のねらい
著名な詩から自分が受けた感銘を紹介し、相手の気持ちや立場、考え方を想像することで、お互いに思いやりの心を持つ大切さを伝える。

新入生への期待 ┊ 世相への危惧

❸私たちは今、変化の激しい時代に生きていて、お互いを思いやる心を失いがちになっているような気がしてなりません。みんなが支え合って生きていること、それぞれの立場で、それぞれの役割を果たしていることを、つい忘れてしまいます。しかし、自分さえよければ人はどうでもいい、自分が楽しければそれでいいと、自分のことしか考えない人ばかりの世の中は、どんなに住みにくいかと思います。

どうか少し想像力を働かせて、身の回りの人のことを考えてみてください。自分が言ったり、したりすることを、相手の人がどのように感じるだろうか。毎日自分が当たり前のように受けている恩恵の裏側で、誰が、どんな苦労をしているのだろうか、というようにです。

想像し、考えることで、お互いの気持ちや立場、考え方を大切にし、あたたかな人間関係を築いていくうえで欠くことのできないものを学んでほしいと願っています。金子みすゞさんの感性が私たちに伝えてくれるものを、皆さんの心のなかにもぜひ育てていってください。

Point❸ 自分だけは違うといった、高みから説教するような言い方にならないように注意する。

言い換え 「身の回りの人について想像すること、考えることは、その人たちを大切にする第一歩です。お互いに、相手の気持ちや立場、考え方を思いやり、あたたかな人間関係を築けるよう努力してください」

他にも
「周囲の人を思いやる想像力を持つ」話をするなら

【話の展開】何人もの若い人が歩道いっぱいに広がって、おしゃべりしながら歩いています。うしろのお年寄りは、道をふさがれて困っています。でも若い人たちは、そのことにまったく気がつきません。自分の行動が、周囲に与える影響を想像することができないからです。

【ねらい】周りが見えず、周囲に迷惑をかける行動の例を具体的にいくつか挙げ、自分の行動が周りにどんな影響を与えるのか想像してみようと呼びかけて、周りの人を思いやる大切さを伝える。

テーマのヒント
- 苦しくても何かをやりとげる経験が、将来の大きな力になることを伝える。
- 将来どんな人間になりたいかをじっくり考える三年間にしてほしいと訴える。
- 自分の気持ちをごまかさず、素直に話せる友人関係をつくろうと呼びかける。
- いろいろな情報や流行に流されるのではなく、自分で考え判断しようと説く。

高等学校

入学式

PTA代表祝辞①

新入生へのお祝いと呼びかけ

新入生への期待

少しだけ背伸びして憧れる力を

ご入学、おめでとうございます。皆さんは、今日から始まる高校生活に、どのような期待を抱いているのでしょうか。高校生の自分を、どのように思い描いていますか。

「ありのままの自分を認めてほしい」「自分らしくありたい」と願うのは、皆さんも、私たち大人も同じです。❶もちろん、誇れる「自分らしさ」を持つことは大切です。しかし、いつも「今の自分」だけを大事にし、そこに留まってしまうと、それ以上成長し、すてきな自分に変わるチャンスを、逃してしまうのではないでしょうか。

そうした意味で、自分の周りのすてきな人、すてきな出来事にときめきを感じ、憧れる心を持つことは、とても大切だと思います。「すてきだな」と思ったら、どうしてそう感じるのか、考えてみましょう。

❷すてきなのは、背筋をすっと伸ばして、さっそうと歩く姿かもしれません。自分がつらいときに、励ましてくれるあたたかい言葉かもしれません。最後まであきらめず責任を持ってやりとげる態度や、毎日一生懸命、部活動に打ち込む姿かもしれません。

これから新しい高校生活で出会う、友だち、先輩、先生のなかに、きっとたくさん、皆さんをひきつけるすばらしいものが見つかるでしょう。そんなとき、少しだけ背伸びをして、そのすばらしさに近づく努力をしてみてください。

学ぶとは、まねることから始まると言います。「私には無理」と思っても、

Point❶
自己否定せよ、という話ではないことを、はっきりさせてから、自分を向上させるための心構えへと話をつなげる。

Point❷
「すてき」の内容を、具体的に示し、ファッションなどの表面的で安易なかっこよさの問題ではないことを伝える。

この例文のねらい

何かに憧れる心を持ち、そのすばらしさに近づく努力をすることで、人は成長することができる。無理をする必要はないが、少しだけ背伸びをする姿勢は大切であると伝える。

保護者へのお祝いと呼びかけ

勇気を持ってまねをしてみてください。もちろん、形だけなぞるのではありません。自分がすてきだと思うことを自分でやってみるのです。

ただ、一度にがらりと自分を変えようとしても、なかなか思い通りにはいかないものです。それより、❸今の自分に少しだけ憧れの人のすてきな面をプラスする、と考えれば、気持ちも楽になりますよね。よそゆきの服を着て、ちょっとおしゃれをするだけで、ふだんと少し違った自分になれるように、心や態度、行動にも、ちょっとおしゃれをしてみましょう。

そうして少しずつでも「すてき」を見つけ、自分につけ加えていけば、皆さんもきっと、自分らしさを失わずに、しかも憧れの人に近づいていけるでしょう。いつまでも同じ「ありのままの自分」を守り続けるのではなく、ぜひ、ときめく心を持って、すてきに成長していってください。

ご参列のご家族の皆様、本日はおめでとうございます。若い人たちを取り巻く環境がどんどん変化していくなか、子どもたちのすこやかな成長のために、私たち家族は何ができるのでしょうか。皆様と一緒に考え、行動していけたらと思います。よろしくお願い申し上げます。

Point❸

イメージしやすい例を使って、「今の自分」を否定することから始めるのではなく、「今の自分」に加えていくという、気持ちの持ち方のコツを示す。

言い換え

「社会が急激に変化するなか、我が子たちが目にするもの、受け取る情報や価値観などもずいぶん変わってきています。私たち家族も、子どもたちを取り巻く環境を理解し、そのなかでできることを模索していかなくてはなりません」

お祝いと自己紹介

色の名前と認知の関係について

豊かな言葉を

朝陽台高校にご入学の皆さん、ご列席の保護者の皆様、おめでとうございます。本日、ＰＴＡの一員として、お祝いを述べさせていただく、皆川と申します。よろしくお願いいたします。

❶ 皆さん、よく聞いてくださいね。青磁色《せいじいろ》、水浅葱《みずあさぎ》、納戸色《なんどいろ》、瓶《かめ》のぞき。これ、何のことだかわかりますか。

じつはこれらはすべて、色の名前です。名前を聞いて、どのような色か想像できますか。

簡単に言うと、緑から青へ少しずつ変化していくなかの、ほんの一部の色の名前です。私たちは、色を見たとき、頭の中で「何色」と、言葉に置きかえて認知しているそうです。日本語にはとてもたくさんの豊かな色の名前があるのですが、残念ながら私たちは、今挙げたような色の名前はほとんど知りません。頭のなかではきっと、「緑」「青」「緑っぽい青」「青っぽい緑」などと認知しているだけだと思います。

逆に、たとえば「赤」と「黄色」の間に、オレンジ色やだいだい色を表す言葉のない言語の人たちは、その色を見分けることが難しいのだそうです。頭のなかで置き換える、色の名前を持っていないからです。

ところで、私には、最近気になっていることがあります。それは、テレビなどを見ていると、若い人たちがよく「やばっ」とか「これやばい！」と言っていることです。本来は「危ない」という意味だと思いますが、今はさまざまな場面で耳にします。❷ おいしいものを食べたとき、刺激

Point❶
色の名前は、ひとつひとつ、ゆっくり、はっきりと言う。あるいは、画用紙などに書いて示す方法も。

この例文のねらい

色の名前と認知の関係を例に、言葉による表現が貧しくなると感性も鈍るのではないかという危惧を伝え、豊かで幅広い言葉を持ってほしいという期待を語る。

世相への危惧

的な音楽を聞いて盛り上がっているとき、とても楽しいときなど、すべてこの言葉で表現しているように思われます。

ほかにも、ほっとするとか、気持ちがなごむとか、見ていてすごく愛らしく感じる、かわいいと思うなどの気持ちや感覚が、すべて「いやされる」のひと言になってしまっているようです。また、皆さんは、家の人に「この頃どう？」とか「何かあったの」と聞かれたとき、「別に」とだけ答えていませんか。

❸先ほどの色の例で言いますと、簡単にひとつの言葉にまとめてしまうと、だんだんそのなかの違いを感じたり、表現したりする力がなくなってしまうのではないかと思うのです。

新入生への期待

無理に難しい言葉を使う必要はないと思いますが、言葉を増やしていくことが、自分のものの見方や感じ方を広げていくことだとしたら、楽しいと思いませんか。言葉を豊かにし、表現力を磨くことは、皆さんの感性を豊かにし、磨いていくことだと思います。

これから皆さんは、高校生活のなかでたくさんの新しい体験や発見をしていくことでしょう。そうした体験や発見を、自分自身の豊かな言葉で表せるよう、感性の幅を広げていってほしいと願っています。

Point❷
状況や感覚をできるだけ具体的に列挙し、いかにたくさんの、意味合いの違う内容がひとつの言葉ですまされているかを実感できるようにする。

Point❸
若い人の風潮批判のような話が、最初に述べた色の名前と認知の話につながることをここでもう一度思い出させてから、結論に入る。

言い換え
「日本語の豊かさを知り、言葉を選び、組み合わせることで、自分の気持ちや感覚を的確に言い表せる喜びを味わってほしいと願っています」

新入生へのお祝いと校風の紹介

近年の学校の変化

伝統とは何か

共英高校への入学、おめでとうございます。共英高校は、創立から八十年を越える伝統のある学校です。そのなかで、「自立と協調」という校風は創立以来変わっていません。❶自立とは、生徒一人ひとりが、自分で自分の道を切り開く力を持つことです。協調とは、自立する努力をしながらも、互いに助け合い、おぎない合って進んでいくことです。これからもずっと残しておきたい、すばらしい理念だと思います。

たくさんの先輩方に受け継がれ、今また、皆さんにそのバトンが渡される。それが、伝統というものです。

しかしそれは、かたくなに昔のやり方を変えないということではありません。変わったところもたくさんあります。

近年の本校の一番大きな変化といえば、平成元年より男子校から男女共学校になったことでしょう。また、平成十二年には最新のコンピュータを備えた実習室ができました。一昨年からは、そのコンピュータを使って、アメリカや韓国の学校との国際交流も始まっています。

このように、伝統とは、受け継ぐ人たちが時代に合わせて、新しいものをつけ加えていくことでもあるのです。

たとえば、何百年も続いている伝統芸能、歌舞伎のことを考えてみましょう。現在歌舞伎を演じている人たちは、歌舞伎の歴史や、それを支える考え方について学び、伝統的な演目や演技の型をきちんと身につけています。これは、伝統を受け継ぐ部分です。

Point❶ 抽象的で短い単語に集約されていることが多い校訓などは、言葉を足して意味をわかりやすくする。

この例文のねらい

伝統として受け継がれた校風を理解してもらう。また、伝統とは単純に前例通りを守ることなのではなく、時代に合わせてつくりあげていく面もあることを伝える。

保護者へのお祝いとお願い ｜ 伝統への考え方と新入生への期待

しかしそれだけでなく、現代の演劇やテレビドラマに出演することもありますし、現在の技術を使った演出効果なども学んでいます。そうして学んだことを、歌舞伎に生かす工夫や努力もしているのです。

皆さんも、共栄高校の伝統が、なぜ長く受け継がれているのか、じっくり見つめ、考えてみてください。❷そして、すばらしいと思うものは受け継ぎ、時代に合わせた工夫や変化が必要だと思うところは、なぜ変えるのか、どのように変えたらよいのかを話し合いましょう。ともによりよい伝統をつくりあげ、バトンをつないでいきましょう。

❸皆さんを共栄高校の一員として、心から歓迎します。

保護者の皆様、本日はおめでとうございます。先生方、そして数多くの卒業生が育ててこられたすばらしい校風を守っていけるよう、私どもPTAも力を尽くしております。皆様にも、ぜひご理解とご協力をお願いして、お祝いの言葉とさせていただきます。

Point❷ 伝統とは受け継ぐと同時に自分たちの手で積み重ね、次の世代へと続けていくものだということを示す。

Point❸ 生徒へのメッセージとなる部分が終わったことがわかるように、もう一度歓迎の言葉を述べて結ぶ。

言い換え 「PTAの一員として、活動や学校行事にご参加いただき、共英高校のよさを感じていただければと願っております」

他にも

「伝統を守り、つくりあげる」話をするなら

【話の展開】大相撲の土俵に女性は上がれないというしきたりがあるのを知っていますか。優勝者を表彰する知事が女性だったときに、議論が起きたことがあります。伝統だから守ったほうがよいのか、時代に合わせて変えたほうがよいのか、皆さんはどう考えますか。

【ねらい】大相撲の例を問いかけ、答えは出さず、生徒に考えさせる。国のことや社会のことでも、伝統をどのように受け継ぎ、あるいは変えていくのかは、一人ひとりがきちんと考えるべき問題であると伝える。

式の雰囲気に合わせたアレンジ

静かに進む厳粛な式、校長先生のあいさつが子どもたちの笑いを誘う親しみのある式など、学校の校風によって入学式の雰囲気にも違いがあるでしょう。

スピーチの内容そのものを変える必要はありませんが、話し方のトーンやちょっとした言葉づかいなど、式の雰囲気に合わせたアレンジを心がけましょう。

この例文のねらい　自分が抱いている高校生のイメージを語り、「高校生」として胸を張って生活できるようにしたいという決意を伝える。

高等学校　入学式

新入生代表誓いの言葉

歓迎のお礼と家族への感謝　自覚と決意の表明

高校生としての自覚を持って

❶校長先生をはじめ、先生方、学校関係者の皆様、そして先輩方、今日は、私たちのためにこのような立派な入学式をしていただき、ありがとうございました。心のこもった歓迎の言葉をいただき、この学校に入学できた喜びが改めて胸に込み上げてきました。また、今日の入学までいろいろと支えてくれた家族にも、お礼を言いたいと思います。

「高校生」という言葉には、いろいろなイメージがあります。たとえば甲子園、高校野球です。私も夏になると、夢中で見ています。選手の皆さんが一生懸命プレーしている姿はかっこよく、高校生はすごいなあと思います。高校サッカーや高校バレーなどのスポーツも同じです。

❷しかし、その一方で、テレビや新聞などでは、自分のことだけしか考えていないような行動をする高校生の姿も報道されていて、「どうしてそんなことをするのだろう」と、疑問を感じてしまうこともあります。

これから、私たちが何をやっても、それはすべて「高校生」がやったことになります。高校生はすばらしいと思われるのも、今の高校生は間違っていると思われるのも私たち次第です。

その自覚を持ち、誰に対しても胸を張って「高校生」だと言えるようにしたいと思います。打ち込めるものを見つけ、一生懸命に、三年間を過ごしていきたいと思います。

まだやっとスタートラインに立ったばかりの私たちですが、先生方、先輩方、これからよろしくお願いいたします。

Point❶　先生や先輩、学校関係者にきちんとお礼を述べるだけでなく、家族へのお礼を伝えることで、親を気づかう成長した姿を見せる。

Point❷　悪い面については、あまり具体的にしないで、さりげなく暗示する程度に留める。

この例文のねらい 「考えて走る」という言葉から考えた、自分なりの目標を語る。また、高校生活で挑戦できることの例を挙げ、一緒にがんばろうと歓迎の気持ちを述べる。

高等学校 入学式

在校生代表歓迎のあいさつ

新入生へのお祝いと自分の目標

考えて走るために

新一年生の皆さん、入学おめでとうございます。在校生を代表して、皆さんを心から歓迎します。

さて、以前、サッカー日本代表の監督が言っていた「考えて走るサッカー」という言葉を知っていますか。私はこの言葉をサッカーに限った話ではなく、「考える、つまり頭だけではだめ。走る、つまり体だけでもだめ。頭と体を鍛え、そのふたつを同時にフル回転させる精神力を持つこと」だと自分なりに考え、今の自分の目標にしています。

実際には、まだまだ私たちは、❶考え込んで立ち止まってしまうこともあれば、何も考えずに夢中で走っていることもあります。疲れてくれば、「もういいか」と思ってしまう、精神的な弱さもあります。しかし、この高校生活で頭と体と心を鍛え、次の世界に出ていくときまでに、「考えて走れる」ようになりたいと思って努力しています。

高校生活の紹介と歓迎のあいさつ

新入生の皆さんも、目標ややりたいことは、それぞれだと思いますが、この高校では、自分さえその気になれば、頭も体も心も鍛えることができます。勉強だけでなく、部活動や生徒会の運営、体育祭や文化祭などの行事、❷滝川清掃ボランティアや高森山の自然を守るプロジェクトといった、地域の人とともに汗を流す交流活動もあり、自分で選んで、いろいろな挑戦ができる場所です。そしてそこは、一緒に挑戦し、喜びも苦しみも分かち合える仲間のいる場所でもあります。

これから、それぞれの目標に向けて一緒にがんばっていきましょう。

言い換え 「これから緑谷高校でともに生活する仲間として、皆さんをお祝いし、歓迎したいと思います」

Point❶ 上級生も完璧ではないことを素直に語り、新入生の高校生活への不安や緊張をやわらげる。

Point❷ とくに特徴のある活動については、具体的な名前を挙げると、イメージがつかみやすくなる。

Column ①

話題が重なったときのために

入学式や卒業式でスピーチをするとき、自分が予定していた内容を先にスピーチした人が話してしまうケースもないことではありません。

それが、「努力」や「誠実さ」のように、大まかなテーマが重なることならばあまり問題ではありません。「先ほど校長先生がおっしゃいましたように～」のように、ひと言添えながら話せばすむことです。

問題は、具体的なエピソードまで重なってしまったとき。めったにないことですが、広く世間一般の関心を集めたような話題を使うときは注意が必要です。

たとえば前の年にオリンピックがあり、その選手が言って話題になった言葉です。苦労の末に栄冠を勝ち取った人物の発言なので言葉に感動と重みがあり、かつ皆の記憶にも残っていてなじみやすいぶん、誰でも話題にしやすいものです。

また、ふだんからよく耳にするようなことわざも使われやすいものです。

大まかなテーマだけならともかく、話の材料まで同じでは、印象が薄くなるだけでなく、「この人はほかに何も話すことがないのか」と思われてしまいます。

そのようなとき、柔軟にその場で別の話題に変えることができれば一番です。話題を変えると言っても、根本のテーマまで考え直す必要はなく、材料だけ変えればよいのです。

しかし、スピーチに慣れていないと、「先を越された」と思った瞬間に動揺してしまい、その場で別の材料を考え出すことは難しいもの。

そこで、誰もが関心を持っていたり、多くの人が知っていたりするような材料を使って原稿をつくる場合には、別のエピソードも用意しておくほうが無難です。

だからといって、予備のエピソードを用意する手間を最初から惜しんではいけません。誰もが関心を持っていて共感しやすい話題が予定通り展開できれば、心に響くスピーチになるのですから。

そのとき考えた代案は別のスピーチの機会があったときのために、きちんと書いて残しておきましょう。

3章

卒業式のスピーチ

卒業式のスピーチの話題選び

卒業する喜びと別れの寂しさが共存する卒業式。巣立つ子どもたちに贈るスピーチには、どんな話題を選んだらよいのでしょうか。

卒業のお祝いと未来への激励を

卒業式はこれまで学んできたことを無事に終え、次のステップに進む門出です。「別れ」を惜しむ気持ちもありますが、あまり湿っぽくならないこと。これから進んでいく未来に対して、子どもたちの活躍を祈り、エールを送りましょう。

スピーチの中心となる内容は三点あります。

一点目は卒業に至るまでに学習してきたことや、活動してきたことへの称賛です。運動会や学習発表会、クラブ活動など、子どもたちががんばってきたことを具体的な例を挙げて紹介し、一緒に思い返せるようなエピソードを語るとよいでしょう。

二点目は、卒業後の子どもたちへの激励です。進む道は人それぞれでも、今まで蓄積してきた知識や体力、鍛えてきた精神力などがあれば、どんな山も乗り越えていける、そんな励ましの言葉を贈ります。

三点目は、卒業生に対して、これまで自分たちを支えてくれた人々への感謝を促すことです。

先生方、家族、友人たちなど、今自分が卒業を迎えることができたのは、少なからず周囲の人々の力添えがあったからこそ。それをこの区切りのときに、思い起こさせ、感謝する気持ちの大切さを伝えましょう。

また、学校側への感謝や慰労の気持ちを伝えることも大切です。

自信を与えながら送り出す工夫を

卒業生たちは、未来に対して希望だけではなく、不安な気持ちも入り混じっているはずです。

スピーチの全体を通して、過去を振り返るときも、未来を激励するときも、自信を与える言い回しを心がけます。「これまでがんばってきた君たちだから、これから先もきっと大丈夫、君たちならできるよ」。そんな思いを込めてスピーチするとよいでしょう。

立場別 卒業式のスピーチでのポイント

● 園長・校長の立場から

卒業生に祝福を贈ると同時に、来賓や保護者に対し、これまでの理解・協力へのお礼を伝えます。また、巣立っていく子どもたちに、これからの人生の糧となるようなエピソードを織り交ぜると印象強いスピーチとなるでしょう。

● 来賓の立場から

自分の立場を明確にし、卒業生、学校、保護者へのお祝いを伝えます。

人生の先輩として、卒業生に激励と期待の気持ちを込めたエピソードを選びましょう。伝えたい内容を絞り、話が広がりすぎないように注意することが大切です。

● PTAの立場から

卒業生とその保護者にお祝いを伝えます。保護者に対しては、これまでのPTA活動に理解と協力を得たことへの感謝の気持ちも添えましょう。

行事などを振り返り、卒業生の活躍や今後の期待などをエピソードに織り交ぜるとよいでしょう。

● 卒業生の保護者の立場から

卒業式を盛大に執り行ってくれたことへの感謝、これまで子どもたちを見守り、指導してくれた学校や園に対する感謝を伝えます。

学校や園での生活を通して、子どもがいかに成長したかを、具体的な例を挙げて紹介しましょう。

● 在校生の立場から

在校生代表の送辞では、先輩たちの卒業を祝う気持ちを伝えます。卒業生との思い出、お世話になったことへのお礼を具体的なエピソードを添えて表しましょう。

さらに新しいスタートへの励まし、卒業生のあとを継いでがんばるという決意を伝えます。

● 卒業生の立場から

卒業生代表の答辞では、感謝と抱負は欠かせません。学校生活を通じて、学んだこと、経験したことなどを、感謝の気持ちを込めて先生、保護者、在校生などに伝えましょう。また思い出話ばかりで終わらせず、未来に対する抱負で結びましょう。

卒業式のスピーチに入れたいフレーズ

基本はお祝いや感謝の気持ちを伝えること。そしてお互いに励まし合い、力強く未来へと進む姿勢を持てるようにしましょう。

お祝いのフレーズ

●卒業生へ

・ご卒業おめでとうございます。

・百三十五名の卒業生の皆さん、今日はご卒業おめでとうございます。

・緑山高等学校を卒業される皆様、心よりお祝いを申し上げます。

●贈る言葉やエピソードにつなげる

・これから新しい環境へと旅立っていく皆さんに、三つの大切なキーワードを贈ります。

・今日、柳をひと枝持って来ました。昔の中国では、旅立つ人に柳の枝を手折《たお》って輪に結んで贈り、道中の無事を祈る風習があったそうです。

●保護者・家族へ

・保護者の皆様にも、お子様のご卒業を心よりお祝い申し上げます。

・ご家族の皆様のお喜びもひとしおのことと存じます。誠におめでとうございます。

感謝のフレーズ

●先生や学校関係者へ

・これまで子どもたちをあたたかく見守り、時には厳しく指導してくださった先生方に、心よりお礼申し上げます。

・このように立派な卒業式を執り行っていただき、感激で胸がいっぱいでございます。誠にありがとうございました。

・子どもたちが今日の晴れの日を迎えますのも、ひとえに校長先生はじめ、諸先生方、関係者の皆様のご指導、ご尽力のおかげと心より感謝いたしております。

●在校生から

・先輩たちには、とてもたくさんのことを教えていただきました。今は感謝の気持ちでいっぱいです。

・やさしく声をかけてきてくれたときの嬉しさは忘れられません。ありがとうございました。

思い出を振り返るフレーズ

●卒業生へ

・今日まで多くのことを学び、体験してきたことでしょう。皆さんが一番思い出に残っているのは何だったでしょうか？

・短かった三年間ですが、充実した、密度の濃い時間を過ごされたことと思います。

・運動会での団結する力のすごさは、とても心に残っています。

●保護者・家族から

・入学式のとき、この体育館に不安げに並んでいた我が子の姿を思い出し、成長したことを実感しています。この六年間、本当にいろいろなことがございました。

・学校生活を通じて、心も身体も大きくたくましく成長いたしました。

活躍を願うフレーズ

●卒業生へ

・幼稚園で教わった三つのお約束を忘れないで、元気いっぱいの小学生になってくださいね。

・中学では、勉強やクラブ活動など、チャレンジ精神を持って取り組んでください。君たちなら大丈夫。きっとしっかりした中学生になれます。

・これから進む道は人それぞれですが、健康で充実したものであることを祈っています。

・これまでの高校生活で基礎をしっかり身につけた皆さんが、自分の力を思う存分発揮し、前進し続けるよう期待しています。

・これからのさらなる飛躍をお祈りし、お祝いの言葉にかえさせていただきます。

・皆さん、これからもがんばってください。そして、たまには元気に成長した姿を見せに来てください。

●母校へ

・最後になりましたが、栄川高校のますますのご発展をお祈りし、ごあいさつにかえさせていただきます。

・これまでお世話になりました、校長先生はじめ諸先生方の、ご健康とご多幸をお祈りし、お礼の言葉といたします。

保育園 幼稚園 卒園式

園長式辞

卒園児へのお祝い
称賛したい思い出
卒園児への励ましと期待

自信を持って一年生になろう

皆さん、今日は卒園おめでとうございます。先ほど先生は卒園生一人ひとりの名前を呼びました。みんな、とても大きな声で元気にお返事ができましたね。❶「ああ、みんな、なんて立派になったんだろう」と、先生は今、嬉しい気持ちでいっぱいです。きっと、うしろで見ていてくれたお父さん、お母さんも同じ気持ちだと思います。

幼稚園ではいろいろなことがありましたね。❷河原でカニをたくさんつかまえた遠足、前回りも上手にできるようになった運動会、みんなで大きなゾウをつくったこども美術展。なかでも、十二月のお遊戯会で挑戦した「三匹のこぶた」は、皆さんの力がひとつにまとまって、とてもすてきなお遊戯会となりました。覚えていますか？

最初はなかなか大きな声で歌えなかった子、恥ずかしくてもじもじしてしまった子、練習を始めたときはみんなバラバラで、とてもオオカミを倒せそうもありませんでした。でも、一人ひとりが何回も練習をしましたね。そうしていじわるオオカミをやっつけて、このホールいっぱいに響いたみんなの歌声は、本当にすばらしいものでした。

これから小学校に入ると、新しいことがたくさん始まります。「ちょっとこれはたいへんそうだな」と思うこともあるかもしれません。でも、このわかば幼稚園を卒園する皆さんなら大丈夫。あの「三匹のこぶた」のときのように、最初はたいへんそうでも、一生懸命やれば必ずできるようになります。きっと立派な小学生になれます。先生たちも、皆さんが

Point❶
子どもは「お父さんやお母さんが喜ぶと、自分も嬉しい」と感じるもの。自分たちが立派に卒園できることを、ここに集まった人たち全員が喜んでいることを伝える。

Point❷
園での行事を例に出す場合は、具体的な内容を入れて。そうすることで、子どもたちも行事での出来事を思い出しやすくなる。

この例文のねらい

幼稚園で経験した出来事を具体的に思い出させる。そのうえで、それらのひとつひとつをしっかりとやりとげてきたことをほめ、卒園児に自信を持たせる。

（保護者へのお祝いとお礼、アドバイス）

元気いっぱいの小学生になることを楽しみにしています。

皆さんは今日でこのわかば幼稚園を卒園します。でも、時々は遊びに来て、元気な顔を見せてくださいね。先生たちは皆さんが遊びに来てくれるのを待っています。

保護者の皆様、お子様のご卒園おめでとうございます。頼もしく成長した姿に、喜びもひとしおのことでしょう。これまで幼稚園の行事にご理解、ご協力をいただき、誠にありがとうございました。

これからこの子たちは小学生となり、さまざまな経験をしていくことでしょう。危なっかしい我が子に、つい手を差しのべてしまいそうになるかもしれません。❸でも、子どもたちは自分でやりとげることの喜びを知っています。どうぞ「自分でやりたい」という子どもの気持ちを大切に育んでいただきたいと思います。

卒園生の皆さん、おめでとう！

言い換え

「先生は、皆さんの元気な顔をちゃんと覚えています。いつでも幼稚園に遊びに来てくださいね」

Point❸

これから小学生の親になる保護者に対して、育児アドバイスになる内容を添える。ただし、押し付けるような言い方にならないように。

他にも

「幼稚園でのお約束を小学生になっても忘れずに」の話をするなら

【話の展開】 あいさつをする、食事の前には手を洗う、名前を呼ばれたら返事をする、友だちと仲よくするなど、幼稚園でできるようになったことがたくさんあります。せっかく身についたよい習慣は、小学生になっても続けましょう。そうすれば、みんなはすばらしい小学生になれます。

【ねらい】 幼稚園でのお約束や身につけた生活習慣などを振り返り、たくさんほめることで自分の成長に気づかせる。同時に、小学生になっても忘れずに継続するようにすすめる。

テーマのヒント

- 本を読むといろいろな発見ができるので、たくさん本を読もうと呼びかける。
- 元気なあいさつをしっかりしようと呼びかけ、人との関わり方の基本を教える。
- 小学生になったら、おうちの人のお手伝いもしてみようと呼びかける。
- 小学校では、幼稚園でつくったよりもたくさんの友だちをつくろうと呼びかける。

この例文のねらい　小学生になることへの夢をふくらませるような表現を盛り込み、新しくスタートする小学校生活に期待を持たせる。

卒園式

来賓祝辞①

卒園児へのお祝いと励まし／保護者へのお祝い／幼稚園へのお祝い

小学校では楽しいことが待っています

皆さん、卒園おめでとうございます。さくら幼稚園での毎日は、楽しかったですか？　歌を歌ったり、体操をしたり、工作をしたり、お弁当を食べたり、いろいろなことをしましたね。そして今日、皆さんは、このさくら幼稚園とさようならをします。大好きな先生にさようならするのは、ちょっといやだな思っているお友だちも、いるかもしれませんね。

でも、❶いよいよ四月から小学一年生です。もっとたくさんの新しいお友だち、もっとたくさんの楽しいことが待っていますよ。どんなお勉強をするのかな、どんな先生に会えるのかな。もう今から、ワクワクしてきますね。これから、小学生のお兄さん、お姉さんになっても、今までと同じように、毎日を元気いっぱい楽しんでくださいね。

保護者の皆様、本日はお子様のご卒園、おめでとうございます。お子様の晴れやかな笑顔、とても輝いていますね。我が子の成長した姿に、喜びで胸がいっぱいのことでしょう。今まで皆様に頼りきりだったお子様方も、小学生になると、どんどん行動範囲が広がっていきます。それだけに、これまで以上に親子のコミュニケーションを大切にして、今後ともよい親子関係を育んでいけるようお祈り申し上げます。

❷最後になりましたが、園長先生はじめ、諸先生方、関係者の皆様に、心より卒園式のお祝いを申し上げます。皆様方のあたたかいご指導があってこそ、卒園児たちは、この晴れの日を迎えることができました。改めてお祝いを申し上げ、ごあいさつにかえさせていただきます。

Point❶　小学校生活への期待をふくらませるような言葉をかける。「小学校に入ったらこうしよう」という話題を出す場合も、不安を感じさせない表現を選ぶ。

Point❷　来賓のあいさつでは、幼稚園側へのお祝いの言葉も忘れずに。ねぎらいの気持ちも込めて、ひと言でもお祝いの言葉を伝える。

この例文のねらい　子どもたちにわかりやすい身近なエピソードから発展させて、園児が自信を持って幼稚園を巣立っていけるように促す。

保育園 幼稚園

卒園式

来賓祝辞②

卒園児へのお祝いと「巣立ち」／卒園児への励まし／各方面へのお祝い

幼稚園を元気に巣立っていこう

皆さん、こんにちは。今日は何の日かわかりますか？　そうです、皆さんがこのひまわり幼稚園を卒園する日です。卒園おめでとう。

皆さんは、玄関の横のテラスにツバメの巣があったのを覚えていますか。四羽の赤ちゃんツバメが生まれて、お父さんツバメとお母さんツバメから、食べ物をもらっていましたね。そして、夏休みになる少し前に、巣から飛び立っていきました。あの赤ちゃんツバメたちは、もう自分で食べ物を探して食べているんです。そして、秋になると遠い南の国まで自分の力で飛んで行くそうです。生まれてからちょっとの間でそんなことまでできるようになるなんて、本当にすごいですよね。

皆さんも、今日この幼稚園を巣立っていきます。皆さんにはおうちがあるから南の国へは飛んで行きませんが、❶小学校にはバスのお迎えはありませんね。自分でランドセルを背負って、自分で歩いて学校に行きます。そんなことができるようになる皆さんもすごいなあと思います。

そうやって、小学生になったら、自分一人でできることを増やしていきましょう。❷いつまでもおうちの人に何でもやってもらっていたら、あの赤ちゃんツバメに笑われてしまいます。がんばってくださいね。

保護者の皆様、そして園長先生をはじめ諸先生方、ならびに関係者の皆様、本日はおめでとうございます。皆様方の愛情をたっぷり受けて、子どもたちが元気にこのひまわり幼稚園を巣立っていきますことに、心よりお祝い申し上げます。

Point❶　エピソードから発展し、子どもたち自身に「自分もすごい」と感じさせることで、小学生になる自覚を持たせる。

Point❷　子どもにわかりやすい言葉で励ます。時間に余裕があれば、園児たちが園の生活で身につけたことをいくつか列挙し、自信を与える方法も。

この例文のねらい　年長としての功績を、具体的な例を挙げてほめる。また、卒園児とその保護者にこれまでお世話になった感謝の気持ちを伝える。

幼稚園 保育園

卒園式

在園児保護者代表祝辞

卒園児へのお祝い

卒園児へのお礼

保護者へのお祝いとお礼

いつもやさしかった年長さん

すいか組とめろん組の皆さん、卒園おめでとうございます。卒園式が始まってからずっと皆さんを見ていましたが、背中をピンとしてお話をちゃんと聞いていましたね。さすが卒園生だなあと思いました。もう四月には一年生になるんですよね。楽しみですね。

❶幼稚園では、年少さんや年中さんのお世話をたくさんしてくれた年長さん。遠足のおイモ掘りのときは、年少さんの手をひいて歩いてくれましたね。小さい子たちが疲れちゃったときに、歌を歌って元気にしてくれたんですよね。年長さんのおかげで、とても楽しいおイモ掘りだったこと、帰りのお迎えに行ったとき、年中のみんなが教えてくれたんですよ。いつもやさしくお世話をしてくれた年長さん、本当にありがとうございました。小学校に行っても、そのやさしい気持ちを忘れないで、たくさんお友だちをつくってくださいね。

保護者の皆様、今日はお子様のご卒園おめでとうございます。立派に成長されたお子様の姿に、喜びをかみしめていらっしゃることと思います。在園中は、年長さんのおかげで、年下の子どもたちは楽しい思い出をたくさんつくることができました。また母の会では、年長さんのお母様方にお骨折りいただきました。❷親子ともども、お世話になり、本当にありがとうございました。これからも、どうぞお元気でご活躍ください。卒園生の皆様の、すこやかなご成長を心よりお祈り申し上げます。

Point❶ 年長として、幼稚園で活躍してきたことの具体的な例を挙げ、感謝の気持ちを伝える。

Point❷ 在園児保護者代表として、卒園児の保護者に対しては、子どもも親もお世話になったと、お礼の気持ちを伝える。

この例文のねらい　幼稚園での思い出を振り返りつつ、卒園する日の喜びと、先生方への感謝の気持ちを伝える。

保育園
幼稚園

卒園式

卒園児保護者代表謝辞①

幼稚園へのお礼

成長した子どもたちに感激しました

園長先生をはじめ、諸先生方、並びに関係者の皆様、卒園児の父母を代表いたしまして、ひと言お礼のごあいさつを申し上げます。

みどり幼稚園で過ごした三年間、先生方にはたいへんお世話になり、ありがとうございました。❶今日、壇上に並んでいる卒園生の成長した姿を見て、感激で胸がいっぱいでございます。晴れて卒園を迎えることができましたのも、先生方の熱心なご指導と、あたたかい愛情のおかげと、心より感謝申し上げます。

幼稚園での思い出

真新しい制服を着て、この場所で入園式を迎えたのが、昨日のことのように思い出されます。はじめてつくったお弁当を残さず食べてきてくれたときの喜び、園バスから降りるなり、嬉しそうに差し出してくれた母の日のプレゼント工作、お泊り保育のときに心配で、親のほうこそなかなか眠れなかったこと、どれをとってもかけがえのない思い出です。

❷どんなときにも子どもの話をじっくり聞いてくれる先生、小さな発見や喜びを一緒に感動してくれる先生、子どもたちはこのみどり幼稚園が大好きでした。本当にみどり幼稚園に子どもを入園させてよかったと思っています。

これからの抱負

子どもたちは、このみどり幼稚園での思い出を宝に巣立ってまいります。私たち親は、これからも子どもの成長をしっかりと見守り、そして一緒に成長していけるよう努力してまいりたいと思います。本日は誠にありがとうございました。

Point❶　感謝の言葉に加えて、今の気持ちも素直に話す。そうすることで、感謝の気持ちをより強く表すことができる。

Point❷　親の気持ちを伝えるだけでなく、子どもたちが園に対してどう思っていたのかもつけ加えて。

卒園児へのお祝い → 保育園の思い出

親も子もたくさんのことを教わりました

あおぞら保育園の卒園生の皆さん、卒園おめでとうございます。もうすぐ小学生ですね。みんなとってもお兄さん、お姉さんになりましたね。皆さんが今嬉しいように、お父さん、お母さんも、嬉しい気持ちでいっぱいです。❶今日まで皆さんのことを大切にしてくれて、たくさんのことを教えてくれた先生たちに、一緒にありがとうを言いましょうか。

「先生、ありがとうございました」

今、子どもたちと一緒に、先生方にありがとうという言葉を伝えましたが、私たち卒園生の親は、それでは足りないほどの思いでございます。まだ〝おすわり〟もできなかった六カ月の我が子を、このあおぞら保育園に預かっていただくと決めたときには、正直、不安でいっぱいでした。「こんな小さな子を預けて仕事に行くなんて」と、そんな言葉を耳にしたこともありました。

朝、保育園に子どもを預けるときに、「行かないで」と泣かれ、自分も泣きたくなるような思いをこらえて保育園を出た朝、仕事が忙しくてお迎えが遅くなったときに、静まり返った保育園でじっと私の帰りを待っていた子どもの顔、この六年間には、母親としてつらい思いをしたこともたくさんありました。でも、いつも先生は、「お母さんが元気にニコニコしていることが一番よ」と、明るく励ましてくださいました。先生の言葉で、どれほど救われたかしれません。

❷また、忙しいときでも簡単にできる朝食をアドバイスしてくれた栄養

Point❶ 親子で一緒に「ありがとうを言おう」と子どもに呼びかける。発声の前に「せーの」や、「いち、にの、さん！」など、かけ声をかけると、言葉をそろえやすい。

言い換え❷ 「思い出すと、本当にいろいろなことがありました」

この例文のねらい

親子を支えてくれた保育園に対して、お礼の気持ちを素直に表現する。子どもが自立しつつあることへの寂しい気持ちを正直に述べつつも、前向きにがんばっていく決意を伝える。

これからの抱負

士の先生、具合が悪くなったときにやさしくお世話してくれた看護師の先生、先生方のおかげで、このあおぞら保育園のおかげで、今日までがんばってやってくることができました。

保育園で子どもたちはとてもたくさんのことを教わりましたが、私たち親も、同じように先生方から多くのことを学びました。そして少しずつ子どもを育てていく自信を持てるようになったと思います。

昨日、自転車のうしろに子どもを乗せて登園するとき、すっかり重たくなった息子を乗せて走りながら、あと何回、息子をこうしてうしろに乗せることができるんだろう。そんなことを考え、何だか寂しくなってしまいました。でも、この寂しさは、子どもがどんどん成長している証。私たちも、少しずつ子離れの準備を始めなくてはなりません。今日は子どもの卒園式ですが、私たち親の卒園式でもあるような気持ちです。

これからも先生に教えていただいたことを忘れずに、子どもの成長をしっかりと見守っていきたいと思います。

❸本当にありがとうございました。心よりお礼申し上げます。

Point❷ 保育園でお世話になった、ほかのスタッフへの感謝の言葉も忘れずに。

言い換え 「最近では、『お母さん、仕事たいへんなんだよね。お手伝いしようか』と、そんなことを言ってくれるようになりました。すっかり大人びた口調に、子どもの成長を感じます」

Point❸ もう一度お礼の言葉を述べて締めくくっても、くどくはならない。ただし気持ちを込めて言わないと、逆にうわべだけの言葉に聞こえてしまうので気をつけて。

小学校

卒業式

校長式辞

卒業生へのお祝い

石を割って育つ木の話

自分の力を信じ、努力を続けよう

卒業する八十六名の皆さん、おめでとうございます。

小さな皆さんが大きなランドセルを背負ってこの小学校に通いはじめてから、もう六年が経ちました。❶先ほど、卒業証書を手渡していたときには、一人ひとりのしっかりした態度に、頼もしさを感じました。この南町小学校から、こんなに立派な皆さんを送り出すことができて、私も、先生方もとても誇らしく思っています。

❷さて、皆さんは、木と石だったらどちらが強いと思いますか？石のほうが硬くて強そうですね。でも、木が石を割って、育つことがあるそうです。

石のくぼみに落ちた、ひと粒の種が芽を出し、何年もかかって石を割りながら根を伸ばし、大地に根を張り、大きな木となります。石割り桜とか、石割り松、石割り楓《かえで》などと呼ばれて、日本のあちこちで見る人を驚かせています。

やわらかい土に落ちなくても、硬い石の上で、文句も言わないで一生懸命大きくなり、花を咲かせるまでになったのです。石を割って育った桜が、きれいな花を咲かせる姿を想像すると、生きることへの勇気がもらえるなと思います。

皆さんはこの小学校で立派な芽を出しました。これから、どんどん大きくなるために、さらにしっかりした根を張ることが大切です。でも、根を張っていく途中には、やわらかい土もあるし、硬い石もあります。

Point❶
六年間で立派に成長したことをしっかりと伝え、卒業しても大丈夫という自信や安心感、誇らしい気持ちなどを持たせる。

Point❷
質問の形で始めることで、話に興味を持たせる。質問のあとは、考える時間を与えるように間をあけて。

この例文のねらい

これから成長していく間には、自分の思うようにならない、つらい時期もあるが、周囲のせいにしたりせずに努力を続ける大切さを、石を割って育つ木の話を通して伝える。

卒業生への励まし

調子よく進むときはいいですが、何かにぶつかって進まなくなってしまったとき、友だちや先生、お父さん、お母さんのせいにしてしまいたい気持ちになることもあるでしょう。

そんなとき、自分の与えられた環境に文句も言わず、じっとがんばって石を割り、立派な花を咲かせる木のことを思い出してください。慌てないで、ひたむきに努力を続ければ、いつか硬い石のところを通り抜けます。石が硬くて大きいほど時間はかかりますが、そのあと咲く花はどれほど見事で、周りの人を感動させることでしょう。皆さん一人ひとりに、その力があることを忘れないでください。

保護者へのお祝いとお礼

ご家族の皆様、本日は誠におめでとうございます。心よりお祝いを申し上げますとともに、この六年間、さまざまなご協力をいただきましたことに、教職員一同を代表いたしまして、厚く御礼申し上げます。

❸それでは、卒業生の皆さん、中学に行っても元気でがんばってください。皆さんの活躍と健闘を信じています。

言い換え
「今日、この日を待ち望んでこられた、ご父母、ご家族の皆様、お子様のご卒業、心よりお喜び申し上げます。また」

Point❸
最後にもう一度、卒業生を励ます言葉を。

他にも

「六年間で身につけたことのすばらしさ」の話をするなら

【話の展開】 六年生になって、運動会の前には先生がついていなくても下級生をまとめて応援歌の練習を行ってくれましたね。また、集団登校のときにも、交通ルールを守ることや近所の人に元気にあいさつすることを、自分たちが先に立ち、やってみせることで、下級生に手本を示してくれました。

【ねらい】 具体的な例を挙げて、自分たちが行ってきたことの重要さに気づかせ、それを立派にやりとげてきたことに対する自信を持たせて、これからの生活を励ます。

この例文のねらい　卒業生、保護者、教職員に対して祝福と称賛の気持ちを表し、卒業生の今後への期待を込めたエールを送る。

各方面へのお祝い ｜ 卒業生への称賛 ｜ 卒業生への励まし

希望を持って新しいスタートを

本日この浜田小学校を卒業する皆さん、おめでとうございます。

また、保護者の皆様、先生方、六年生七十八名そろって無事にご卒業を迎えたお喜びはいかばかりかと拝察し、心よりお祝い申し上げます。

❶卒業する皆さんの顔をこうして見渡してみると、今日の青空のように晴れやかで、すがすがしい表情をされていますね。この六年間、どんなことがありましたか？　たくさんのことを勉強し、いろいろな経験をしたと思います。そのなかには、とても難しくてできそうにないと思ったことや、つらかったこともあったでしょう。

でも、皆さんは、ご家族の方や先生方に支えてもらい、あるいは仲間どうしお互いに助け合いながら、そうしたことをみんなきちんとやりとげ、今日こうして卒業します。本当に立派です。

四月からはいよいよ中学生として、新しい生活がスタートします。中学でも難しい問題にぶつかることがあるかもしれませんが、小学校でできたように、やりとげることがきっとできるでしょう。また、楽しい、わくわくするようなことも、それ以上にたくさん待っているでしょう。

どうぞ希望を持って、新しい生活をスタートしてください。そして、勉強にスポーツに、友だちづくりに、励んでください。❷この六年間、皆さんをあたたかく見守ってきたご家族の方、先生方も、これから皆さんがどんな中学生になるのか、楽しみにしていると思います。

今日は本当におめでとうございました。

Point❶　当日が気持ちのよい青空なら、このような言葉を交えると、卒業式のさわやかな印象をより強調できる。

Point❷　来賓として、保護者や教職員の気持ちを代弁するようなひと言を添えるとよい。

この例文のねらい　地域社会代表の立場から一緒に活動した思い出を語り、卒業生が地域社会の一員として貢献したことをたたえるとともに、人と人とのつながりを大切に思う心を伝える。

小学校　卒業式

来賓祝辞②

卒業生へのお祝いとお礼　人とのつながりについて　これからの生活に向けて

皆さんと知り合えてよかった

皆さん、ご卒業おめでとうございます。

皆さんは、地域のための活動をとてもよくしてくださいました。❶先生方や保護者の皆様にもご協力いただき、心より感謝しております。

毎年秋の町内清掃では、皆さんが先頭に立って、公園や道路のわきに落ちているゴミを拾ってくれました。❷小さなゴミまでていねいに拾うその姿を見るにつけ、私たち大人も公共のマナーについて改めて考えさせられます。そのような皆さんの努力の成果なのでしょう、この町でのタバコや空き缶のポイ捨ては年々減ってきています。

皆さんとのそうした活動を通して、一番よかったなと思うことは、皆さんと知り合えたことです。人とのつながりは大切で、同じ町に住んでいて、知らない人ばかりが多いのは寂しいことです。それが、みんなでひとつの活動をすることで、少しずつ仲よくなれました。このつながりが、皆さんの力になることがあると信じていますし、これからも助け合える、そういうつながりでありたいと思っています。

毎日、ランドセルを背負って元気に通学し、大きな声であいさつしてくれた皆さん。❸皆さんのあいさつの声は、町を明るく元気にしてくれました。四月からも、制服に身を包んだ中学生の姿で、元気にあいさつしてもらえたらとても嬉しく思います。そして高校生になっても、この町を離れることがあっても、どこかで出会ったらあいさつをしましょう。いつまでも応援しています。元気でがんばってください。

Point❶　地域社会の代表として、子どもだけでなく、先生や保護者に対しても、日頃の協力への感謝の気持ちを伝える。ただし、卒業生へのお祝いが中心であることを忘れず、簡潔に。

Point❷　子どもたちが参加したことによる、効果や結果を伝えることで、自信や充実感を持たせる。

Point❸　子どもたちの存在や行動が、地域社会にとっても大切なものであるという気持ちを伝える。

小学校 **卒業式**

来賓祝辞③

卒業生へのお祝い

名言の紹介と経験談

喜び、悲しみを分かち合える友情を育もう

本日は、誠におめでとうございます。❶昨日までの雨がみごとに止んで、皆さんの旅立ちをさわやかな空気が迎えてくれましたね。これはやはり、皆さんが六年間をしっかりと過ごしてきたことに対する、お祝いなのだろうと朝起きたときに思いました。

さて、皆さんは、六年間でたくさんの友だちをつくったことでしょう。この学校で、その友だちと勉強することはもうありませんが、いくつもの思い出が皆さんの胸の中に残っていると思います。

私のような歳になっても、小学校のときの友だちに会うたび、たくさんのことが思い出され、先生のことや行事のことなどの思い出話で、とても楽しく過ごせるのです。

「友情は喜びを二倍にし、悲しみを半分にする」と、ドイツの詩人、シラーは言っています。その言葉を聞いたとき、私は心からその通りだと思いました。❷小学生のとき、鉄棒の逆上がりがなかなかできず、放課後何日も練習して、はじめてクルンと上がれたとき、見ていてくれた友だちが私が驚くくらい喜んでくれ、私の喜びは二倍になりました。中学のとき、病気で入院した私を何より励ましてくれたのは、毎日届いた友だちからの手紙や授業のノートでした。病気のつらさや学校に行けない悲しみを半分にしてくれました。皆さんにも、「友だちがいるって本当にいいなあ」と思った経験はきっとあると思います。

四月からは、中学生です。また新しい友だちができます。こうして、

Point❶
天までが卒業を祝福してくれているという表現で、より晴れやかな気持ちを聞き手に感じてもらう。

Point❷
名言だけでは児童に理解されないこともあるので、自分なりの言葉で考えや解説を加え、言葉の意味を理解しやすくする。

この例文のねらい

自分が感銘を受けた名言を紹介し、また、自分の体験をもとにしたわかりやすい表現で、友だちの大切さを認識させ、よい友人関係をつくっていくようアドバイスする。

各方面へのお祝い ｜ 卒業生へのアドバイス

皆さんが新しい世界に進むたびに、友だちが増えていきます。もちろん、先ほど言ったような、❸喜びを二倍にし、悲しみを半分にしてくれる友だちをつくるには、自分もまた、相手にとってそうした友だちであるよう、努力しなければいけません。

大きくなるにつれ、友だちの大切さを感じる機会も増えると思います。そのときに、周りにたくさんの友だちがいて、よかったなと思えるよう、これからの生活で、多くの友だちをつくっていってください。楽しい思い出、苦しい思い出、いろいろな思い出を一緒につくっていく友だちは、何歳になっても皆さんの大事な宝物になるはずです。

最後になりましたが、校長先生はじめ教職員の方々、そして保護者の皆様に、高いところからではございますが、心よりお祝いを申し上げ、私のごあいさつとさせていただきます。

本日は誠におめでとうございました。

Point❸

ただ、友だちをつくろうと言って終わらせず、そのためには自分の努力も必要であることも加えることで、引き締まった印象のアドバイスになる。

言い換え

「皆さんは、これから大人になるためにさまざまなことを学ぶでしょう。つらいことも楽しいこともあります。友だちの存在は、皆さんを支え、助けてくれるはずです」

他にも

「周りの人に対する感謝」の話をするなら

【話の展開】六年間の登場人物を考えてみましょう。毎日遊んだ友だち、送り出し、迎えてくれた家の人、やさしく、厳しく指導してくれた先生、おいしい給食を用意してくれた調理員さん、校内を過ごしやすく整えてくれた校務員さん、とてもたくさんの人が出てくるでしょう。どの方にも皆さんはお世話になってきましたね。

【ねらい】六年間を無事に終えるには、周りでたくさんの人の力があったこと、これからもたくさんの人に支えられるであろうことに気づかせ、感謝を忘れず、毎日をしっかり過ごすことの大切さを説く。

この例文のねらい　ＰＴＡ代表として児童と接してきた思い出や、児童の成長について語り、保護者や先生に対しても配慮をしたあいさつをする。

小学校　卒業式

PTA代表祝辞①

卒業生へのお祝いと思い出　卒業生へのお願いと称賛　学校、保護者へのお礼

多くの人に見守られ、祝福されての卒業です

六年生の皆さん、卒業おめでとうございます。皆さんが、今日この川上小学校を立派に卒業するのを、心から嬉しく思います。

思い出されるのは、運動会での皆さんのすばらしい組み体操です。音楽とかけ声に合わせ、一糸乱れない、張り詰めた演技を見ていて本当に圧倒されました。❶応援席では感激して涙ぐんでいるご家族の方がたくさんいらっしゃいました。指導なさった先生方も、演技のできばえにほっとし、そして感動していらっしゃいました。

今日、皆さんの卒業を一番喜んでいるのは、そうして皆さんを見守ってきたご家族の方、指導してきてくださった先生方でしょう。皆さんは多くの人に見守られ、心からの祝福のなかで卒業していくのです。当たり前のようで、とても幸せなそのことを、どうぞ忘れないでください。

六年生になってからの皆さんの態度、がんばりには、それまで五年間に積み重ねてきたことが自信となって表れていました。今年度の経験もさらにプラスされて、中学生となる準備はしっかり整っていると思います。どうぞ自信を持って進んでください。

❷校長先生はじめ教職員の皆様、六年間のご指導、誠にありがとうございました。そして保護者の皆様、六年間ＰＴＡ活動にさまざまな形でご協力いただき、ありがとうございました。この場をお借りいたしまして、御礼申し上げます。

皆さんのこれからの活躍に期待しています。がんばってください。

Point❶　保護者や先生の様子をやや客観的な立場から語ることができる、ＰＴＡ代表という立場でならではのエピソードを加える。

Point❷　学校側、保護者への感謝の言葉を述べることも大切。祝辞であることを考え、「この場をお借りして」という言葉を添えて。

この例文のねらい　6年間の自分たちの成長に気づかせ、自信を持たせる。そして、中学に入っても、焦らず、時間をかけて成長すればいいのだと説く。

小学校 卒業式

PTA代表祝辞②

卒業生や保護者へのお祝いと入学当時のこと ／ 卒業生への称賛と期待 ／ 学校へのお礼

六年間の成長に自信を持ち、中学に

皆さん、本日はご卒業おめでとうございます。そして保護者の皆様、お子様のご卒業、心よりお喜び申し上げます。

六年前の四月、皆さんはこの山田小学校に入学しました。おうちの方に手をひかれ、大きなランドセルを背負って、校門を入ってきたのでしたね。一年生のときのことを、覚えていますか？　❶クラスはどんな様子だったでしょう。知らない友だちばかりで、なかなかお話ができなかったり、すぐに泣いたりしていた人がいたかもしれません。ずっとおしゃべりばかりしていた人もいたかもしれませんね。先生や上級生に何か言われなければ、自分たちで考え、行動することは難しかったでしょう。

それが今年は、最上級生として下級生をまとめるようになり、今日は立派な態度で卒業式に臨むまでになりました。卒業証書を受け取る姿はとても堂々としていて、心から頼もしく思いました。

そう、この六年間で、皆さん一人ひとりが確かに大きく成長したのです。そのことに自信を持ってください。これから中学に入って、はじめはうまくいかないことも多いでしょう。でも焦ることはありません。じっくり時間をかけて、さらに大きく成長してほしいと思います。

❷最後になりましたが、子どもたちをあたたかくご指導いただきました先生方に、厚く御礼申し上げます。そして、どうかこれからも子どもたちを見守っていただきますよう、お願い申し上げます。

❸皆さんの中学での活躍をお祈りしています。おめでとうございました。

Point❶　自分個人の成長だけではなく、クラス、学年全体の様子から、六年間の成長を振り返らせる。

Point❷　PTA代表として、教職員に向け、感謝の言葉と、子どもへの今後の指導を願うひと言を添える。

Point❸　教職員への言葉で終わらせずに、最後にまた卒業生に向け、気持ちを込めて話しかけて結ぶ。話しかける対象が変わるときは十分に間をあけ、視線を移して。

卒業生へのお祝いと話題への導入

夢を持ち、そこを目指して進もう

六年間をこの花園小学校で過ごし、今日、そろって卒業する九十八名の皆さん、おめでとうございます。皆さんの晴《は》れ晴《ば》れとした気持ちをここからも感じます。ＰＴＡを代表して、ひと言お祝い申し上げます。

先日発行された、今年度最後のＰＴＡ広報紙は、卒業生の特集号でした。皆さんにアンケートをお願いして、将来の夢を聞かせてもらいましたね。❶スポーツ選手、漫画家、ゲーム作家、看護師、獣医、建築家、いろいろな職業が挙げられていました。なかには、おうちを手伝って商売を継ぎたいといったものや、何をしていても明るく健康な人でありたいといったものもありました。皆さんの夢を読んでいて、たくさんの夢があることに楽しくなり、嬉しくなりました。どの夢もかなえばいいなと思えるものばかりで、一人ひとりが、それぞれの夢をしっかり持っていることを、とてもすてきだな、立派だなと思いました。

卒業生へのアドバイス

夢を持ち、それに向かって進んでいくことはとても大切なことです。目的地に向かって進む旅なら、ルートがいくつかあっても、回り道をしたとしても、向かう方向が見えているぶん、迷いも少ないはずです。そして、目的地に少しずつ近づくたびに、充実した幸せな気持ちになることでしょう。❷夢を持つことではじめて、そこにたどりつける可能性ができるのだと思いませんか？

これからさまざまなことを学び、経験していくなかで、目的地を変更することもあると思います。時には、目的もなく、ただふらふらと歩く

言い換え
「先日、ひと足先に皆さんの卒業文集を見せてもらいました。しっかりとした文章が並び、とても読みごたえがありました。なかでも私がとても興味深く読ませてもらったのが、皆さんの将来の夢のページです」

Point❶
将来の夢を列挙する部分は早口にならないように気をつける。

Point❷
大事なポイントを問いかけの形にして、注意をひき、それぞれに考えさせるようにする。

この例文のねらい
広報紙のアンケートの感想から、自分なりの夢を持っていることはすばらしいとたたえる。そして、常に夢を持ち、そこに向かって進んでいくことの大切さを伝える。

保護者へのお祝いとお礼

ことが楽しくなってしまうこともあるかもしれません。でも、そんな毎日にはやがて飽きたり、疲れたりしてしまうはずです。そうしたら、また夢を探してください。

とてもうらやましいことに、まだ若い皆さんは、どんな夢を持ち、目指すことも不可能ではありません。自分なりの夢を大切に持ち続け、その夢を目指して進んでいってください。

保護者の皆様、本日はおめでとうございます。また、これまでPTAの活動にご理解とご協力をいただき、ありがとうございました。❸とくに、防犯上行った、文化祭など各行事ごとの入場者受け付け業務では、お忙しい時間をさき、当番をこなしていただきました。皆様のご協力の結果、大きな問題もなく今年度も無事に終えることができそうです。この場をお借りし、改めて御礼申し上げます。

最後に、卒業生の皆さんそれぞれの夢がかなうように、心からお祈りして、私のごあいさつとさせていただきます。

Point❸
形式的なお礼だけではなく、とくに負担をかけ、協力してもらった活動については、成果の報告も含め感謝すると気持ちも伝わる。ただし簡潔に。

他にも
「六年生に感謝する」話をするなら

【話の展開】PTAとして六年生とふれあう機会が多くありましたが、いつも、気持ちのよいあいさつをしてくれました。行事などの準備、片づけもてきぱきとこなし、自分の手が空けば、ほかの係を手伝っていた様子も見ています。一年間、下級生の手本となり、学校を引っ張ってきてくれましたね。

【ねらい】最上級生としての役割をしっかりと果たしていたことを、PTAの立場からいつも見ていたことを話し、学校を支えてきた仲間としてその努力をねぎらい、感謝の言葉を伝える。

テーマのヒント
- お金は働いて得る大切なもの。小遣いをきちんと管理していこうと呼びかける。
- 勉強も何事も日々の積み重ねが大切。毎日少しずつ努力を続けようと説く。
- 中学の勉強はこれまでより高度になるが、より深い知識が増えるのは楽しいことだと期待を持たせる。
- 悩むことも多くなるだろうが、支えてくれる家族がいる、一人ではないと伝える。

この例文のねらい　子どもが無事卒業することへの感謝を述べる。また、親子ともに小学校で学んだ経験を生かしていきたいという気持ちを伝える。

小学校　卒業式

卒業生保護者代表謝辞①

歓送のお礼／思い出と指導のお礼／これからの抱負

六年間のご指導ありがとうございました

❶本年度六年生の卒業に際し、本日このようにすばらしい卒業式を執り行っていただき、ありがとうございます。また、来賓の方々にはあたたかいお祝いの言葉をいただき、心より感謝申し上げます。卒業生の保護者を代表いたしまして、ひと言御礼申し上げます。

六年前、この上野小学校の校門をくぐったときは、親も子も、これから始まる小学校での生活に、期待と不安でいっぱいでした。どちらかといえば、ちゃんとやっていけるだろうかという不安のほうが大きかったかもしれません。それが、先生や、上級生のご指導により、毎日楽しそうに学校に通うようになり、苦あり楽ありのさまざまなことも乗り越え、本日を迎えるに至りました。

思い返せば、この六年間はとても長かったようでもあり、短かったようでもあります。ただ、❷こうして並んでいる子どもたちの姿は、六年前とは比べようもないほど、身体も心も大きく成長しております。これも、六年間あたたかく見守り、時には厳しくご指導くださいました、校長先生はじめ、先生方、職員の方々のおかげと存じます。ただただ、感謝の気持ちでいっぱいです。

子どもたちと同時に、私ども親もたくさんのことをこの小学校で学ばせていただきました。中学に通うようになっても、親子ともにこの小学校で学んだことを忘れず、生かしていきたいと存じます。六年間、お世話になり、本当にありがとうございました。

Point❶　はじめに、卒業式を執り行ってもらったことと、祝辞への感謝を伝える。来賓に対して感謝を述べるときは、少し間をあけ、そちらのほうに視線を移して。

Point❷　子どもたちの成長を挙げて、学校職員に対し六年間の指導を感謝する言葉は、伝えるべき一番のポイント。心を込めて、ていねいに。

この例文のねらい 式の出席者に感謝の気持ちを述べるだけではなく、卒業する子どもにも、感謝する気持ちを持って過ごすことの大切さを伝える。

小学校 卒業式

卒業生保護者代表謝辞②

歓送のお礼 ／ 感謝の気持ちの大切さ ／ 学校へのお礼

感謝の気持ちを忘れず、言葉で伝えて

卒業生の保護者を代表いたしまして、お礼の言葉を申し上げます。

本日は子どもたちのために、このような立派な卒業式をありがとうございます。❶お忙しいなか、ご臨席賜りました来賓の皆様には、心あたたまるご祝辞までいただき、心より感謝申し上げます。

今、六年間という長い年月を子どもたちが無事に過ごし、こうして全員そろって卒業を迎えられることを、心からありがたく思っております。

感謝の言葉は、言うほうも言われたほうも幸せな気持ちになる、不思議な言葉です。こうして、お礼のあいさつをしていますと、感謝の気持ちを口にするたびに、より感謝の念が強くなり、幸せな気持ちになっていくのを感じます。

卒業する子どもたちにも、ぜひ感謝の気持ちを持ってもらいたいと思います。❷六年間、あたたかくご指導いただき、今日、卒業生としてたくさんの方々に祝福され、送り出してもらえることの喜びを胸に、常に感謝する心を忘れずに。そして「ありがとう」ときちんと言葉に出して伝えることを惜しまずに。周りの人たちとよい関係をつくりながら、成長していってほしいと願っています。

校長先生はじめ、教職員の皆様、六年間本当にお世話になり、ありがとうございました。どうぞこれからも子どもたちの成長を見守っていてくださいますよう、よろしくお願い申し上げます。

言い換え
「ご紹介いただきました、卒業生・佐藤一郎の父、隆之でございます。卒業生の保護者を代表いたしまして、ひと言ごあいさつさせていただきます」

Point❶
来賓のあいさつへの感謝の言葉には、式の雰囲気や来賓の年齢・社会的立場などにより、このような改まった表現も。

Point❷
この部分は実質的には子どもに向けた言葉なので、言い聞かせるようにゆっくりと話したい。

卒業生保護者代表謝辞③

6年間の指導や支援へのお礼 ｜ 歓送のお礼

子どもを守り支えていただきました

本日は、このように盛大で厳粛な卒業式を挙行していただき、誠にありがとうございます。卒業生の保護者を代表いたしまして、心より御礼申し上げます。

そしてまた、心に響くお祝いの言葉をいくつもいただき、ありがとうございます。❶たいへん感動いたしました。子どもたちの心にもいつまでも残り、よい方向に導いていってくれるものと存じます。

❷毎日、胸の痛む、恐ろしい事件や悲しいニュースがあふれるなかで、こうして六年間、大きな事件、事故もなく過ごせ、一人も欠かさず卒業できますことは、当たり前のようでいて、実はとてもありがたいことなのだと心から感謝するばかりです。

しかし、これは何の努力もせずになし得たことではありません。校長先生はじめ教職員の皆様が、子どもたちのために心をくだき、クラスをまとめてくださいました。子どもたちは、小さなけんかやぶつかり合いを経験しながら、仲間を思いやる心を持ちました。

また、防犯にもたいへん力を入れていただきました。子どもたちが自分で身を守れるようにと、毎年の防犯訓練を熱心に行ってくださいました。ＰＴＡの活動のなかで、私たち保護者もさまざまな形で防犯意識を高める機会をいただきました。

そして、地域の方にもたいへんお世話になりました。毎日の通学を見守ってくださり、ＰＴＡからの防犯パトロールのお願いを快く引き受け、

Point❶ 祝辞に対して、ただ形式的にお礼を述べるだけでなく、子どもたちによい影響を与えるといった言葉を添えて、より強い感謝の気持ちを伝える。

Point❷ 気持ちを込め、ほかの保護者の共感を得るように話す。

この例文のねらい

無事に卒業できることは、それを守り支えてくれた人たちがいたからであることを感謝する。また、そのことを忘れず過ごすという思い、今後とも見守ってほしいという思いを伝える。

決意と、再度各方面へのお礼

地域のパトロールも行ってくださいました。

こうして、たくさんの力に守られ、支えられて、今日を迎えたことを、私ども保護者も、卒業する子どもたちも、忘れることなく過ごしていかなければと思っております。

❸六年間、たいへんお世話になりました。感謝の気持ちでいっぱいでございます。本日、子どもたちはこの向山小学校を卒業いたしますが、学校の教職員の皆様、そして地域の皆様には、どうぞ子どもたちを今後とも見守り、ご指導いただきますよう、心よりお願い申し上げます。

ありがとうございました。

言い換え

「私ども保護者も、子どもたちも、本日のこの卒業が、六年間、守り支えてくださった多くの方たちの力によるものだということを忘れることなく過ごしていきたいと存じます。そしてこれからは、私どもが学校の外から小学生を守り、支える力になれるよう、努力したいと思います」

Point❸

最後にもう一度感謝を伝えるとともに、これからも子どもを見守り指導してほしいという気持ちを伝える。

他にも

「さまざまな問題を乗り越えた」話をするなら

【話の展開】この六年間、平坦な道のりばかりではありませんでした。しかし、何かあるたびに話し合いの場が持たれ、活発に意見が交わされました。そのおかげで、保護者と学校、保護者どうしの結びつきが強くなり、苦労を乗り越え、最終的にはとてもまとまりのある学年になりました。

【ねらい】どんな問題にも目をそらさず、話し合いの場を設けてくれたことによって、学年がまとまっていったこと、また、問題の解決法など、これからの生活に生きるよい経験をしたことを振り返り、感謝する。

話題を身近に感じる工夫を

盛り込むエピソードがいくら感動的なものでも、聞き手の心に響かなければ意味がありません。身近に感じられる導入や話の展開があると、聞き手が話に入りやすくなります。

その年に起こった出来事、話題になったドラマや映画などから話を進めるのも、ひとつの方法です。

この例文のねらい　縦割り班での思い出を語り、6年生をたたえ、その役割を受け継ぐこと、今までの感謝、これからの生活への激励を伝える。

小学校

卒業式

在校生送辞

卒業生へのお祝いとお礼 ／ 卒業生との思い出 ／ 自分たちの決意、卒業生への励まし

すごいと思った全校遠足での六年生の活躍

❶六年生の皆さん、ご卒業おめでとうございます。在校生を代表して心からお祝いいたします。

六年生の皆さんは、委員会でも、クラブ活動でも、いつもリーダーとして、私たちをまとめ、引っぱっていってくださいました。とくに、一年生から六年生までが縦割りの班で行動する行事のときには、下級生のいろいろなお世話をしてくれました。

❷私が一番覚えているのは、春の全校遠足のときのことです。班の一年生が迷子になってしまったとき、六年生の班長さんと副班長さんは、残った班の人たちに、先生に伝えに行く係、そこに残って動かずに待つ係などの役割をテキパキと与えました。ほかの六年生の人たちもそれに従って、すぐにそれぞれの役割をしていました。

広い公園で迷子になってしまった一年生のことが心配で、ただオロオロしていた私は、とてもすごいなと思いました。ほかにも、疲れた一年生の荷物を持ってあげたり、みんなを励ましたり、きっと六年生の皆さんは遠足でとても疲れただろうと思いました。

❸四月からは私たちが六年生です。今まで六年生がしてくれたように、しっかりと責任を果たせられるか心配ですが、たくさんのお手本を見せてもらったので、それを目指し、負けないようにがんばろうと思います。

今まで本当にありがとうございました。中学に行っても、この旭小学校を忘れないでいてください。そして勉強に運動にがんばってください。

Point❶ まず卒業を祝う言葉や感謝の言葉から入ると、そのあともスムーズに。

Point❷ 何の行事の思い出かをまずはっきりさせて、具体的にわかりやすく話す。

Point❸ 四月から役割を引き継いでがんばる決意を伝える。不安にさせないようにきっぱりと。

小学校 卒業式

卒業生答辞

この例文のねらい　強く思い出に残っている言葉を軸に、先生方への感謝を述べる。また、その言葉を胸に中学でもがんばるという決意を伝える。

一人はみんなのために、みんなは一人のために

心に残る思い出

❶私たち四十二期卒業生百十二人は、今日この桜台小学校を卒業します。

六年間の学校生活で、私たちはたくさんのことを学びました。とくに六年生になってからの、学年目標「一人はみんなのために、みんなは一人のために」という言葉は、私の心に強く残っています。

この一年間、この言葉を合い言葉にして、みんなで努力してきました。みんなで運動会の準備をしているとき、何人かがふざけていても、この言葉を唱えると、急にまじめになって、準備に取りかかります。夏の林間学校のハイキングのとき、疲れて遅れてしまった子がいても、この言葉でみんながその子を励まし、みんな一緒に最後まで歩きました。

この言葉を唱えると、みんながピリッと引き締まったり、やさしい気持ちになったりします。そして、それでクラスや六年全体がまとまることができたと思います。

各方面へのお礼とこれからの抱負

❷校長先生、そして先生方、六年間たくさんのことを教えていただいてありがとうございました。そしてお世話になった地域の皆様、いつも見守ってくださり、ありがとうございました。

もう小学校に通わなくなるのかと思うと、とても寂しいです。でも、この桜台小学校で学んだことを忘れず、先生方やお世話になった皆様のことを忘れず、中学に行ってもがんばりたいと思います。そしてこれからも、「一人はみんなのために、みんなは一人のために」という言葉をそれぞれの胸のなかで唱えていきたいと思います。

Point❶ 卒業年度や人数を入れて、自分はその代表であるということを示す。

Point❷ お世話になった先生などへの感謝の言葉は欠かせない。お礼を言うときは、相手の方に向き、頭も下げる気持ちでていねいに。

言い換え 「六年間通ったこの小学校で、先生や友だちと過ごすことはもうないのかと思うと悲しくなります。新しい中学できちんと生活できるのか考えると、不安にもなります」

中学校

卒業式

校長式辞

参列者へのお礼

努力して勝利を得た例の紹介

自分の能力を生かす努力を

校庭の桜のつぼみもふくらみ、あとは花を咲かせるのを待つばかりとなっています。あちこちで、新しい息吹を感じます。そして、本校でも今日、新たな道のスタートラインに立ち、今から走り出そうという皆さんをこうして送り出します。

この旅立ちの日にあたり、多数のご来賓の方々や、保護者の皆様方にご臨席を賜りまして、誠にありがたく、本校職員を代表いたしまして厚く御礼申し上げます。

❶さて、私は皆さんにいつも努力することが大切だと言ってきました。皆さんに贈る最後の話も、この努力についての話です。

二〇〇四年のアテネオリンピックの女子マラソンで、金メダルを獲得した野口みずき選手のことは皆さんご存知でしょうか。身長百五十センチほどの小柄な人です。夏のアテネはとても暑く、小柄な野口選手の体力では、メダルの獲得は相当難しいだろうという予測もありました。

しかし、❷野口選手は体力をつけるため、大会前の約一ヵ月の間に、起伏のある道を千三百キロ以上も走り込みました。男子と互角以上のハードトレーニングです。また、ただ走り込むだけではなく、筋力アップにも努め、欧米選手より筋力の弱い日本人には不向きだと言われている、歩幅を大きく取る走り方を身につけました。

走り込みで体力をつけ、日本人には不向きだと言われている走り方を筋力トレーニングで克服し、自分のものにする。こうした努力と工夫に

言い換え

「義務教育の期間を無事に終え、輝かしい未来に向かって、それぞれが選んだ新しい道に踏み出そうとしている百五十六名の皆さんを、本日、祝福のなかで送り出します」

Point❶

これから話すことが「努力」についてであることを知らせておくと、聞く側もポイントを捉えやすい。

Point❷

「起伏のある道の千三百キロ以上の走り込み」というトレーニングがどれほどのものか、「男子と互角以上」という比較を入れてわかりやすく伝える。

この例文のねらい
オリンピックで金メダルをとった選手を例に、自分の能力を生かす努力が大切だということを説明する。卒業後、一人ひとりがそうした努力をしていってほしいと願う。

卒業生へのアドバイスとお祝い

裏打ちされた自信があったからこそ、能力が最大限に発揮され、あの見事な勝利を得ることができたのだと思います。

　何事にも努力することは必要です。しかし、やみくもにがんばってみても効果は上がりにくいものです。大切なのは、自分の体力や技術に見合った合理的な方法を見つけ、それを根気よく続けることです。これは、運動だけではなく、学習面でも同じです。

　一人ひとり、与えられた能力は違います。でも、誰もが何かの能力を秘めています。自分の能力を最大限に発揮するよう努めることは、この世に生を受けた人間の義務でもあると私は考えています。

　自分を生かす努力を考え、そして、続けてみましょう。そうすればその努力は皆さんをけっして裏切らないでしょう。
❸卒業おめでとうございます。皆さんのこれからの長い人生の中で「努力は裏切らない」という言葉が励みになることを願い、充実した日々を過ごしていくことを心から祈っています。

Point❸
祝福の言葉と、これからの生活に向けての願いを最後にまとめて、あたたかく卒業生を送り出す。

他にも
「自分なりの判断基準をしっかりつくる」話をするなら

【話の展開】皆さんは、卒業後の進路という、大きな判断を自分自身の考えで選びました。とてもたいへんなことだったでしょう。でも、これからは自分で決めなければいけない大事なことがたくさんやってきます。自分なりの「ものさし」をしっかりつくっていってください。

【ねらい】これまでは、やるべきことがあらかじめ決められていたことが多かったが、これからは自分自身で決めなければいけないことが増える。その判断をするための自分の判断基準を持つ必要があることを説く。

この例文のねらい　中学３年間での経験を含め、義務教育期間に学んだことで基礎はできていると自信を持たせ、力強く次に進むためのあと押しをする。

中学校　卒業式

来賓祝辞①

各方面へのお祝い ／ ３年間で得たもの ／ 卒業生への励まし

〜今までに得た基礎の力を信じ、それぞれの道へ〜

皆さん、本日はご卒業おめでとうございます。そして、卒業生を送り出す校長先生はじめ教職員の皆様、お子様を新しい道へと送り出す保護者の皆様、お気持ちを拝察し、心よりお喜び申し上げます。

中学での三年間を今振り返ってみて、皆さんはどんな感想を持っているのでしょうか？　人生のなかで、中学生時代ほどいろいろなことを敏感に感じとり、悩んだり、苦しんだり、喜んだりする時期はないでしょう。❶三年という期間に、集約され起こった出来事は、きっと私たち大人にははかりしれないほど数多く、そしてどれもが重要なものだったと思います。それら多くの出来事から得た経験が血となり肉となって、皆さんを驚くほど成長させました。感じる心、それを自分の糧にしていく力を大切に持ち続けていってください。

今日、皆さんは義務教育を終了されます。小学校の六年間、そして中学での三年間で、皆さん一人ひとりに、それぞれの道に進むための準備がしっかり整えられています。❷先ほど校長先生から手渡された卒業証書はその証です。基礎はできています。身につけた基礎の上に、どんな建物を建てるのか、どんな花を咲かせるのか、これからは皆さん次第です。今まで得てきたものを信じて、自由に力強く、自分の描く未来へと進んでいってほしいと思います。

最後に、皆さんの健康と活躍をお祈りして、お祝いの言葉とさせていただきます。

Point❶　自分も通過した年代とはいえ、当事者にしかわからない思いはあるもの。「大人にははかりしれないが、きっと〜」という表現で、生徒は素直に過去を振り返りやすくなる。

Point❷　卒業することに自信を持っていいということを示すため、ゆっくり力強く語る。

中学校 卒業式

来賓祝辞②

この例文のねらい　新しい環境では苦しいこともあるが、挑戦し、逃げずに乗り越えてほしいということを、海外で活躍するスポーツ選手を例にして伝える。

卒業生へのお祝いと話への導入

困難への挑戦について

卒業生への励まし、各方面へのお祝い

新しい環境で逃げずに挑戦を続けよう

本日、この応徳中学校を卒業される皆さん、ご卒業おめでとうございます。❶それぞれの道に巣立っていく皆さんをこうして祝福できることを、とても嬉しく思います。

四月からは慣れ親しんだ中学を離れ、それぞれが選んだ新しい場所での生活が始まりますね。しかし、新しい環境に慣れることは人によってはなかなか難しいことのようです。慣れないことを理由にその場から逃げてしまう、学校や職場を辞めてしまう人もいます。

❷厳しいことを言うようですが、これから先、今まで以上の困難が待っていることでしょう。でもそれは、それだけ皆さんが成長したからです。乗り越える力があるはずだからです。大きな喜びもそこには待っていますが、苦しみから逃げてばかりいては、喜びは得られません。

最近では、多くのスポーツ選手が海外に渡り、活躍していますね。もちろん自分のプレーに自信を持ち、周囲からも活躍を期待されて行くのですが、行く先は言葉も通じない、文化もまったく違う国です。自分に非がなくても、文句をつけられることもあるでしょう。でも、それを乗り越えなくては活躍できません。海外に渡ることは大きな挑戦です。

皆さんがこれから新たな道へ進むことも挑戦です。❸自分で選んだ道です。ひるまずに、粘り強く進んでいってほしいと思います。

最後になりましたが、諸先生方、保護者の皆様に、心よりお祝いを申し上げます。本日はおめでとうございました。

Point❶　来賓として、卒業式に招かれたことへの感謝の気持ちを伝える。

Point❷　不意に厳しい話を始めると大きな動揺を与えることもあるので、はじめにひと言入れて。当然、活を入れて終わりではなく、自信や展望を持たせるフォローの言葉は欠かせない。

Point❸　それまでの厳しい内容がただの小言のような印象で終わらないよう、締めくくりのエールはとくに力強く。

各方面へのお祝い → 行動を起こす大切さ

次代の担い手としての意識を持って

晴天にも恵まれ、すがすがしい空気のなかで、卒業生の皆さんの希望に満ちた目がキラキラと輝いてみえます。皆さん、ご卒業おめでとうございます。そして、三年間ご指導に当たられました諸先生方、ご参列の保護者の皆様、誠におめでとうございます。心よりお祝い申し上げます。

何年か前より、クールビズとかウォームビズといったファッションで、冷房暖房のための電力量を抑え、そのことによって地球温暖化を防止しようという運動が行なわれていますね。

地球温暖化防止のために一人ひとりがすることは、涼しい服装をしたり、あたたかい服装をしたりすることだけというのですから、大きな目標のためであっても、ほんの小さなことから始めればいいというわけです。

しかしこの、「小さなこと」というのが意外とやっかいです。「自分一人くらい」と考える人がいるからです。❶ですから本当は、「ほんの小さなことから始めればよい」と考えるのではなく「ほんの小さなことから始めなければ何もできない」と考えるべきではないでしょうか。

野口健《のぐちけん》さんという人を知っていますか？　テレビでもよく拝見します。

❷野口さんは、当時、世界最年少で七つの大陸の最高峰を制覇した登山家です。その業績もさることながら、今知られている活動は、富士山への清掃登山をはじめとする環境問題への取り組みです。それは世界最高峰のエベレストに捨てられたゴミを清掃する活動から始まりました。

エベレストには日本の登山隊などが捨てていったゴミが何百トンとあ

言い換え

「中学での三年間をしっかり過ごされ、本日卒業証書を手にした皆さん。皆さんはこれで義務教育の過程を終了されました。本当におめでとうございます」

Point❶

「考えるべきです」と言い切ることで考えを押し付けてしまわずに、問いかけの形にして問題提起する。

Point❷

話が長くなり、ポイントがぼけるのを防ぐため、人物紹介などの部分は簡潔にまとめる。

この例文のねらい

小さな努力や、周囲に流されることのない行動が、社会を変えることを例に挙げて説明し、一人ひとりが社会を動かす力を持つ、大切な21世紀の担い手であると説く。

卒業生への期待

るのだそうです。みんなが捨てているから、それが普通だから、という発想から捨てられたゴミでしょう。でも、それではいけないと気づいたときに、野口さんのような行動が起こせるでしょうか。捨ててあるゴミを拾う、そうすればきれいになる。とても単純な話です。しかし、登るだけでも困難な山から、ゴミを回収してくるのはたいへんなことなのだそうです。それでも、野口さんは声を上げ、清掃登山隊を組織して、ヒマラヤや富士山での清掃登山を行っています。

これから社会に出ていく皆さんは、二十一世紀をつくっていく大切な役割を担っています。皆さん一人ひとりのちょっとした行動が、これではいけない、こうしようと気づくことが、社会を動かしていくのです。「自分一人くらい」「みんながそうだから」と考えるのではなく「一人の小さな努力からすべてが始まる」と考えてほしいと思います。

おおげさではありません。未来は皆さんの手にゆだねられています。どうかそのことを忘れずに、進んでいってください。

他にも

「常にベストの力を出す」話をするなら

【話の展開】 部活動で一生懸命練習しても、全員が優勝者になれるわけではありません。悔しい思いをした人もたくさんいるでしょう。でも、それがベストを尽くした結果ならば胸を張ってください。「あの時ああしておけばよかった」と思うことが一番つらいことなのです。

【ねらい】 やり残したことがあったり、考えが足りなかったりすると後悔する事態になる場合が多いことを挙げ、常にベストを尽くすという気持ちの大切さを説く。

校訓などは確認してから

学校の校訓や教育目標、校歌の一部などを話題としてとりあげることもよくあります。その場合、自分の記憶を過信していると、微妙に言い回しが違ったりすることもあります。

一語でも間違えてしまってはたいへんです。確かな情報源で、読み方までしっかりと確認しておくことを忘れずに。

話への導入と卒業生へのお祝い

人間関係に関する実験の紹介

良好な人間関係を築いていこう

❶人間はみんなほかの人との関わり合いの中で生きています。皆さんは、家族や親類、友人、学校の先生方などと、日常深く関わっていますね。そのようななかで、本日めでたく中学を卒業されるのです。ご卒業おめでとうございます。今日、私はお祝いの言葉にかえて、卒業される皆さんに、人間関係の大切さについての話をしたいと思います。

今から七百五十年くらい前のヨーロッパに、フリードリヒ二世という皇帝がいました。いろいろな言語が飛び交う環境で育った彼は、「何もしないと赤ちゃんは何語を話すようになるのだろう」と思い、赤ちゃんを集めてある実験をしたそうです。その実験ではまず、おむつをかえたり、ミルクを与えたり、生きていくために必要な生理的欲求はすべて満たすように整えました。そのうえで、世話をする人に、赤ちゃんに話しかけず、抱っこもせず、笑顔を向けることもしないようにさせたのです。

❷赤ちゃんたちはどんな言葉を話すようになったと皆さんは思いますか？　なんと赤ちゃんは、数カ月後にみんな死んでしまったということです。恐ろしいことですね。

いきなりショッキングなお話で驚かせてしまい、すみませんでしたが、自分に置き換えてみれば、たしかに、食事や睡眠ができても、誰ひとり自分に話しかけてくれず、笑顔さえも向けてくれない、誰とも関わりのない生活では、おかしくなってしまうだろうと思います。

このように、人間は生まれながらにして「関係欲求」という欲求を持

Point❶ 興味をひくために、普通にお祝いの言葉から入るのではなく、テーマから入る。

Point❷ 問いかけから、答えるまで、少し間をあけて考えさせ、思いもよらない結果であることをより強く印象づける。

この例文のねらい

中世に行われた実験の話を例に、人間には、ほかの人間との関わりがどうしても必要であることを述べ、よい人間関係を築いていくことの大切さを伝える。

学校、保護者へのお礼 ／ 卒業生へのアドバイス

っているそうです。自分を受け入れてもらい、自分も相手を受け入れる、良好な関係を持ちたいという欲求をみんな持っているらしいのです。

毎日いろいろな人と接するなかで、時には人間関係がわずらわしいと思うこともあるかもしれません。しかし、私たちが生きていくうえで、人との関わりがなくてはならないものなのであれば、少しでもよい関係を築いていく努力をすることが大切でしょう。

皆さんはこれから、さまざまな場所で、さまざまな人間関係を築いていくことでしょう。❸会話、そして笑顔をしっかりと交わし合いながら、たくさんのよい関係をつくっていってください。

❹最後になりましたが、三年間お世話になりました先生方に、厚く御礼申し上げます。そして、保護者の皆様には、ＰＴＡ活動にご理解とご協力をいただきましたこと、この場をお借りして感謝申し上げます。ありがとうございました。

Point❸ 「会話と笑顔」というキーワードを出し、「よい人間関係を築く」という抽象的なテーマに具体性を持たせる。

Point❹ ＰＴＡの代表として、学校側や保護者に向けて簡潔に、活動への協力に感謝の言葉を述べる。

中学校 卒業式

PTA代表祝辞②

卒業生への称賛 ／ 卒業生、保護者へのお祝いやお礼

自分から学び続ける姿勢を持って

卒業される百七十五名の皆さん、皆さんがこの伝統と歴史ある大東中学に入学してから、三年が過ぎました。そして本日めでたく卒業されます。ご卒業、誠におめでとうございます。

保護者の皆様、お子様のご卒業おめでとうございます。心よりお喜び申し上げます。また、三年間のPTA活動へのご協力に、深く感謝いたします。

三年前、皆さんは大きな希望と期待を胸に、この中学の門をくぐったことでしょう。❶ そして三年間。苦しみ悩むこともあったでしょうが、それに負けることなく、勉強に部活動に、生徒会の活動に、それぞれが励み、しっかりと結果を残してきました。後輩にもたくさんの手本を残

Point❶

PTAとして卒業生の在学中の姿を見てきたなかで、その活動を認め、称賛する言葉を贈ることも大切。具体的に、大会でよい成績を残した部活動などがあれば、それも紹介したい。

この例文のねらい
中学校３年間での活躍をたたえ、感謝するとともに、卒業後は、数多くの情報のなかから必要なことを見つけ、自分から学んでいく姿勢が重要になると伝える。

卒業生へのアドバイス　卒業生への励まし

してくれましたね。ＰＴＡとして、皆さんの活躍をとても誇らしく嬉しく思っていました。三年間、どうもありがとう。

義務教育を終了し、三年前より、ひと回りも、ふた回りも大きく成長した皆さんは、新しい道への一歩を踏み出します。これからは今までのようにすべてが用意され、整えられているわけではありません。自分に必要なものを自分で見つけていかなければなりません。

❷「教えられることより、自分で学んでいくことが大切」、そういう言葉をよく耳にします。まさに、中学を卒業した皆さんに大切になってくるのは、自分で学んでいくことです。

教えられたことを覚えるのは比較的簡単ですが、自分で学んでいくためには、自分に何が必要かをまず見極めなければなりません。

今、学ぶと言いましたが、それは机の上の勉強のことだけではありません。人間関係のありかた、社会のしくみなど、しっかりと自立していくために学ぶべきことはたくさんあります。世の中には情報があふれかえっています。そこから何を学んでいくかは、学ぶ人の姿勢によってまったく違ったものになるでしょう。

三年間、この大東中学で立派に過ごされた皆さんなら、自分に必要なものを見つけ出し、学んでいく力は十分にあるはずです。教えてもらうのを待つのではなく、自分から学ぶ積極的な姿勢を持って、それぞれの道を歩んでいってください。

皆さんの今後のご健闘をお祈り申し上げ、あいさつといたします。

Point❷
言葉を紹介するときは、聞き取りやすいように、ゆっくり、はっきりと。前後には間を取って。

言い換え
「今は、インターネットなどを利用すれば、知りたい情報が簡単に手に入るようになりました。情報が氾濫している状態です。レストランでメニューがたくさんあると、目移りしてしまうように、あまりにも多くのもののなかから何かを学び取っていくのは、難しく、情報を受け取る側にも力が必要です」

自己紹介、卒業生へのお祝い、話題の紹介 ／ 本を読んでの感想

想像力を働かせて多くのことを知ろう

❶ただいまご紹介にあずかりました井上と申します。ＰＴＡを代表いたしまして、ひと言ごあいさつ申し上げます。

卒業生の皆さん。おめでとうございます。皆さんは、世界の人々のことを百人の村に置き換えてみる話を知っていますか？「世界がもし百人の村だったら」という話です。この話は、もともとインターネットのメールで人から人へと伝わっていったものだそうです。ちなみに世界がもし百人の村だったら、コンピュータを持っている人は村にたった一人。百人のうちの一人ですから、一パーセントです。世界では一パーセントの人しかコンピュータを持っていないのです。

メールで世界に広まったこの話は人々の話題になり、本になりました。❷学校の図書室をのぞいたら、図書室にもありました。皆さんは自由に文字を読み、本も読めますから、この本を読んだ人もいると思います。でも、百人の村では七十人もの人が文字を読めないのだそうです。

❸この本を読んでいろいろなことを考えました。私は百人の村では少数派の恵まれた村民です。本も読め、食事もでき、家もあります。恵まれた自分が、小さなことで悩んでいるのが申し訳なくなりました。

そして、自分が恵まれていると気づいていなかったことに少し情けなくなりました。足りなかったのは想像力だと思います。ニュースを見てそこから想像する力、さまざまな情報をつないでみるとどうなるか想像する力、そして知ろうとする努力がなければ、自分の幸せにさえ気づかず、

Point❶ 自分の名前を改めて名乗る場合には、ＰＴＡの立場からこれからスピーチするということも示す。

Point❷ 学校の図書室にあったと伝えることで、自分たちにとっても身近な本だと感じさせる。

Point❸ 自分の感想に入るところでは、はじめにきちんと伝え、「聞き知った情報」と「個人的な感想」を区別したほうが、聞き手も理解しやすい。

この例文のねらい
本の感想から、想像力を豊かに働かせることの大切さを説き、想像力を働かせることで周囲のことをもっと知り、世界を広げ、思いやりの心を持とうと伝える。

（流れ）→ 卒業生へのアドバイスと期待 → 保護者へのお祝いとお礼

ましてや恵まれない人を思いやることもできないのだと思いました。この百人の村の話を考えた人は、想像力をうんとふくらませて、世界の人のことやメッセージを受け取る人たちのことを考えたのでしょう。それで、多くの人にこの話が伝わっていったのだと思います。

❹さて、皆さん。若い皆さんの感じる力や想像する力は、私たち大人よりずっとすぐれていると思います。自分が実際に体験できるのは、ほんの小さな世界ですが、想像することで世界を広げていくことができます。また、想像することで、思いやりや、やさしさも持てるでしょう。どうか、心と頭を思いきり働かせて、いろいろなことを知り、豊かな日々を歩んでいってください。皆さんの想像力に期待しています。

❺保護者の皆様、本日はお子様のご卒業、誠におめでとうございます。また、PTAの朝のあいさつ運動などに積極的に参加いただきまして、ありがとうございました。最後になりましたが、この場をお借りしまして、お祝いとお礼を申し上げます。

Point❹
感想から生徒へのメッセージへと、話題が変わるので間をあけ、聞いている卒業生全体を見渡しながら話すようにする。

Point❺
保護者に話しかけるときには視線をそちらに向け、卒業生に話しかけているときよりさらに口調も改まったものに。

他にも 「笑顔を大切にする」話をするなら

【話の展開】人の笑顔はとても大切です。アメリカでは子どものしつけのひとつとして笑顔で人に接することも教えているそうです。また、心で泣いたり、焦ったりしているときも、笑顔をつくると、つられて心も落ち着きやすくなる効果があるのです。

【ねらい】人が笑顔から受けるさまざまな効果をとりあげ、笑顔の持つ力を示し、笑顔を大切にして暮らすことで、円滑で豊かな人間関係をつくれることや精神的な安定感をもたらすことを伝える。

テーマのヒント
- メールばかりに頼らず、顔を合わせて会話することを大切にしていこうと呼びかける。
- 接する世界が大きく広がるが、自分の身は自分でしっかり守れるようにしようと伝える。
- 時間をうまく使える人は、多くのことができる。時間を大切にしようと呼びかける。
- インターネットや本からの知識だけでなく、実体験して得る知識の大切さを説く。

中学校

卒業式

卒業生保護者代表謝辞①

子どもの成長を感じた思い出　歓送のお礼

心がひとつになったときのすばらしい歌声を胸に

卒業生の保護者を代表いたしまして、ひと言御礼を申し上げます。

校長先生はじめ、諸先生方、本日は私どもの子どもたちのために、このように立派な卒業式を執り行っていただき、心より感謝申し上げます。そして、ご参列くださいました来賓の皆様、ご多忙のところお越しいただき、あたたかいお祝いの言葉までちょうだいいたしまして、誠にありがとうございます。

皆様のおかげで、子どもたちは無事に三年間の中学校生活を終えることができます。今、子どもたちはそれぞれの胸のなかで、皆様への感謝と新しい道に進む決意を強くしていることでしょう。

❶この平田中学で我が子たちが得たものの大きさは、とてもひと言で申せるものではありませんが、私にとっては何よりも、合唱コンクールの歌声が鮮明に心に残っております。

一年生のときは、聞いていて「まあ、不慣れだから仕方がないか」とため息をつきたくなるような状態でした。上手な何人かの子の声ばかりがよく響き、まさに「てんでんばらばら」でした。そのときの三年生のすばらしい歌声を聞き、この子たちも三年になれば、このようなすばらしい合唱が本当にできるようになるのだろうかと思ったものでした。

そして、三年生になった今年のコンクールは、練習のときから意気込みが違いました。毎日の朝練。家にも歌のテープを持ち帰り、聞いておりました。みんなが真剣に取り組んでいる様子でした。

Point❶ たくさんあるなかから、合唱コンクールの思い出を選んで語ることをはじめに示す。

この例文のねらい
漠然とした思い出ではなく、子どもの成長に心から感動した合唱コンクールの話題を掘り下げ、子どもたちを導いてくれた教職員に感謝を示す。

学校へのお礼

❷当日はそのすばらしさに、ただ感激いたしました。一年のときの、一人ひとりの声がばらばらと出て、ぎこちない印象の合唱は見事に変わっていました。美しく澄んだ、ひとつになった声。どのクラスもそうした美しい歌声を聞かせてくれました。

心がひとつになった歌声というのは、こんなにもきれいなものかと、心から感動し、子どもたちを誇らしく思いました。

それも、毎日朝早くから子どもたちに付き合い、ご指導くださいました先生方のおかげと存じます。みんなで力を合わせることの大切さを、三年間通して、焦ることなくじっくりと教えてくださいました。❸努力すること、力を合わせることによって得られるもののすばらしさを子どもたちはしっかりと学んでくれたと確信しております。そして、心を合わせた歌声は、これから先いつまでも子どもたちの胸に響き、支えになってくれるはずです。

先生方、三年間の心に寄り添った細やかであたたかいご指導、本当にありがとうございました。そして、どうかこれからも卒業生の行く末を見守っていてくださいますよう、お願い申し上げます。

Point❷
当日の感動、感激を思い出しているようにゆっくりと気持ちを込めて。

Point❸
合唱の上達に至る過程が子どもたちの胸にも大きなものを残し、心の財産になるだろうという解釈を加えることで、この三年間が有意義なものであったことを実感してもらえる結びとなる。

言い換え
「子どもたち、そして私どもも保護者の胸に思い出という宝物を残してくださった先生方、多岐に渡るご指導」

卒業生保護者代表謝辞②

歓送のお礼

3年間を振り返って

この中学校で過ごせてよかった

期待と不安を胸にこの中森中学校に入学してから三年、本日このように厳粛な式であたたかく送り出していただくことの幸せを感じております。私ども卒業生保護者一同、校長先生はじめ諸先生方、そしてお忙しいなか、ご列席賜りました来賓の皆様に、厚く御礼申し上げます。

❶皆様からいただいたあたたかくありがたいお祝いの言葉には、感激し、胸が熱くなる思いがいたしました。折にふれ思い出し、これから新しい道に進む子どもたちの指針とするよう、私ども保護者も力を尽くしていきたいと存じます。

この中森中学で子どもたちは、本当に大きく成長いたしました。ぴかぴかでぶかぶかの制服がだんだん身体になじんでくるのと同時に、心も中学生として成長していることを、日々の生活のなかで感じてまいりました。

何もわからず、ただ夢中で過ごした一年生。科目ごとに先生が替わる授業や、定期試験に慣れるのに精いっぱいでした。

やっと中学の生活にも慣れ、行事にも積極的に取り組めるようになった二年生。私ども親もちょっとひと息つかせていただきました。

そして、三年生。進路を決めるという、今まで経験したことのない大きな選択に、親も子も迷い悩む日々でした。でも、こうして無事に全員がそろって卒業式を迎えることができました。❷成長し、穏やかな表情で並んでいる子どもたちを見ると感慨もひとしおでございます。

Point❶ 複数の祝辞に対する感謝を述べるときは、誰かひとりの言葉へのコメントではなく、祝辞全体へのお礼としてまとめる。

Point❷ 原稿を読む場合でも、ここでは目を落としたままではなく、実際に生徒たちを見渡しながら述べたい。

この例文のねらい

中学校での3年を振り返り、成長した子どもの姿に素直に喜び、その成長を支え、それぞれの進路に導いてくれた教職員に感謝の気持ちを伝える。

指導への感謝と結びの言葉

これも、校長先生はじめ、先生方のあたたかく、そして厳しいご指導のおかげです。進路指導には多くの時間をとっていただき、私どもが納得できるまで、一緒に考えてくださいました。

❸「あのときのあの先生のひと言がなかったら決断できなかった」「あのひと言で挑戦する気持ちになった」「苦しかったけれど、励まし続けてもらって乗り切れた」。そんな言葉をほかのご家庭の方々からもたくさん聞いております。

この中森中学で三年間を過ごすことができ、とても幸せでした。そして、それは誇りでもあります。

最後にもう一度、心からの感謝を申し上げ、❹中森中学校のますますの発展をお祈りいたしまして、御礼のごあいさつとさせていただきます。お世話になり、本当にありがとうございました。

Point❸ 自分だけが思っているわけではないことを言葉を並べて示す。いくつかの言葉があることがわかるように、聞いた言葉のひとつひとつを区切るように話す。

Point❹ 謝辞では卒業する学校のこれからの発展、また先生の健康を願って結ぶことも多い。

他にも 「毎月の学校だよりに感謝する」話をするなら

【話の展開】 仕事に追われて、なかなか学校の活動に協力できないなか、毎月、学校の様子を細かくていねいに教えてくれる「学校だより」を見ると安心できました。また、不定期に発行される「クラスだより」も、先生方の気持ちが伝わってくる、とてもあたたかいものでした。

【ねらい】 多忙で学校の様子を知りにくい状況だったところ、細やかな月報を発行して、学校の様子や思いを家庭に伝えることに努め、子どもたちを指導してくれた先生方に、心から感謝を伝える。

自分の子どもの思い出話はほどほどに

保護者を代表しての謝辞の場合、「私事ではございますが」とことわって、自分の子どもやクラスの思い出などを盛り込むこともあります。ただし、そればかりではほかの保護者の気持ちも代表して伝えることにはなりません。

保護者全体の体験から、感謝の気持ちを伝えるような表現を心がけて。

中学校 卒業式

在校生送辞

この例文のねらい　卒業生から学んだことや支えられたことを挙げ、その役割を担うという決意や、3年生に対する感謝を伝え、エールを送る。

卒業生へのお祝い ／ 卒業生との思い出 ／ 自分たちの決意 ／ 卒業生への励ましとお礼

中学校生活を支えてくれた先輩

❶ とうとう三年生をお送りする日がきました。

先輩方がこの学校を離れることを考えると、今はとても寂しい気持ちでいっぱいですが、やはり明るくお見送りしたいと思います。三年生の先輩方、ご卒業おめでとうございます。

❷ この二年間、部活動などを通して先輩方からはさまざまなことを学びました。まず、活動や練習に臨む姿勢の厳しさを学びました。心をひとつに力を合わせることの大切さを学びました。そして、厳しさや、力を合わせることから生まれる、喜びや楽しさの大きさを学びました。

部の活動のことだけではなく、勉強のことや友人のことなど多くの相談に乗っていただきました。今こうして考えると、先輩方は私たちの中学校生活を支えていた、とても大きな存在だったことに気づかされます。

来年度からは、私たちが後輩にとってその役目を果たしていかなければなりません。不安はありますが、先輩方から学んだことを生かし、しっかりと務めていきたいと思います。

四月より、先輩方はそれぞれの新しい道へ進まれますが、時にはこの東山中学のことを思い出してください。

先輩方お一人お一人のご健康とご活躍を、心からお祈りしています。ご卒業、本当におめでとうございます。そして、今までどうもありがとうございました。

Point❶ 静かにあいさつを始め、「おめでとうございます」では元気に声を出し、惜別と祝福の入り混じった気持ちを出す。

Point❷ 学んだことの大きさをかみしめるように、ひとつひとつをゆっくりと大切に述べる。

中学校 卒業式

卒業生答辞

この例文のねらい 無事卒業できることに感謝し、心に残った文化祭のテーマ「光を放て」をキーワードに、今後の決意を語り、後輩へのエールを送る。

キーワードの提示 → 中学校生活の思い出と感謝 → 卒業後への決意 → 後輩へのエール、各方面へのお礼

卒業しても光を放ち続ける

今年の文化祭のテーマは「光を放て」でした。自分たちの持てる力を放ち輝こうと、心をひとつにして取り組みました。そして、忘れられない思い出となりました。「光を放て」。卒業しても私たちはこの言葉を忘れることなく進んでいきたいと思います。

振り返ってみると、この三年間には、いろいろなことがありました。勉強のこと、友人のこと、進学のこと、さまざまな悩みと向き合いました。先生方のアドバイスや、友人、家族の支えに助けられ、ひとつひとつの悩みを乗り越え、こうして卒業式を迎えることができ、本当に幸せだと思います。

中学三年間で学んだことはひと言では言い尽くせません。そして、中学を卒業しても、まだまだ学ばなければならないことがたくさんあります。私たちの進む道はそれぞれですが、この三年間で学び蓄えた力をもとに歩いていけば、光を放つことができると信じて進んでいきたいと思います。はじめは弱々しい光かもしれませんが、いつかまぶしいくらいの輝きを放てるよう努力していきます。

❶在校生の皆さんも、光を放ち続け、この西部中学校をさらに明るく輝かせてください。

❷私たち第三十八期生百八十七名は、本日卒業します。来賓の皆様、あたたかいお祝いの言葉をありがとうございました。そして校長先生はじめ諸先生方、三年間、本当にありがとうございました。

言い換え
「自分一人ではとても解決できないようなこともありましたが、友人や家族、そして先生に支えられ、先ほど無事に卒業証書を手にすることができました」

Point❶
「光を放て」というキーワードを使って、後輩にもエールを送り、母校の発展を祈る。

Point❷
「輝かせてください」のあと、間をあけてから、きっぱりと宣言するように、「本日卒業します」。そのあとに続く感謝の言葉は、ていねいに心を込めて。

高等学校 # 卒業式

校長式辞

卒業生へのお祝いと各方面へのお礼 / 卒業生へのアドバイス / アドバイスの具体例

個性を磨くように努力しよう

本日、この石陵高校を卒業していく二百三十八名の皆さん、卒業おめでとうございます。

保護者の方々にも、心よりお祝いを申し上げます。また、ご多用中のところご列席くださいましたご来賓の方々には、先ほどよりあたたかいご祝辞をいただき、厚くお礼申し上げます。

今、自分らしく生きたいと願う若者が多くなっています。❶では、「自分らしく」とは、どういうことなのでしょうか。卒業生の皆さんは、どのように考えますか。

何でも自分の思っている通りにしたいというなら、それはわがままを通すということです。しかし、世の中で自分の思い通りになることは、「万にひとつ」といっても過言ではありません。自分の思い通りにならないことなど、これからの人生で山ほどあるでしょう。

❷今、この学校を巣立っていくあなたたちに言いたいことは、自分らしく生きることを願うのであれば、まずは自分を磨くことに力を注いでほしいということです。

平成七年に亡くなられた西岡常一《にしおかつねかず》さんは、宮大工として法隆寺や薬師寺の解体修理に当たられた人ですが、「堂塔《どうとう》を組むには木の癖を見抜かなければならない」と言い、「癖の強い木ほど命が強い。癖のない木は弱い」とおっしゃっていたそうです。このことを人間にあてはめてみましょう。癖とはつまりその人固有の個性のことで、個性の強い人ほど命が強いと

Point❶ 話の主題の入り口で生徒に呼びかけることで、問題提起を。ここで一拍おいてから、次の話を始めるようにする。

Point❷ 卒業していく生徒たちに、教育者として最後まで何かを伝えたい、そんな思いを込めた語りかけを。

この例文のねらい

教育者として、甘い言葉だけで通さずに、自分らしく生きていくとは、どういうことなのかを考えさせる。そして、まず自分たちが何をするべきなのかの指針を示す。

アドバイスのまとめ

いうことになります。自分らしく生きるとは、自分を押し通すことではなく、自分らしさを磨くことで、自然と周りが自分の魅力を認めるようになることではないでしょうか。

木は癖を持つまでに何十年も何百年もの間、風雪に耐えてきたのです。人間も同じで、個性は何となく身につくものではないと考えます。自分を磨く努力を続けてこそ、得られるものなのです。

奈良の薬師寺の管主だった高田好胤《たかだこういん》さんは「個性は訓練によって磨き出されるものにして、訓練なきところに個性はない。訓練なくして個性と思えるもの、それは野生にほかならない」とおっしゃっています。

まだ人生経験の浅いあなたたちが、自分らしく生きようと願うのなら、まず自分の個性を磨くように努めてください。❸個性豊かな人間に育ったとき、あなたたちはおのずと自分らしく生きているでしょう。

あなたたちの未来に幸多きことを祈って、はなむけの言葉とします。

Point❸

希望を持って未来を語るところは、あたたかい口調で話し、卒業生に明るく前進する気持ちを持たせる。

言い換え

「明日からそれぞれ違った道を歩み始めるあなたたちの、すべての道が幸せに向かう道であるよう、心より祈って」

他にも

「前を向いて歩み続けて」の話をするなら

【話の展開】これからの人生について、目標が決まっている人もいれば、まだ迷っている人もいるでしょう。しかし、どの道を選んでもいずれは困難にぶつかるはずです。そのとき、その困難に負けずに夢に向かって前進してください。困難の山を乗り越えるごとに、必ず手に入る宝があるはずです。

【ねらい】それぞれ進む道は違っていても、どの道にも試練があることを伝え、それらに打ち勝って進んでいくことに価値があることを伝える。

来賓祝辞①

卒業生と保護者へのお祝い

自分が高校生活で得たもの

やりたいことを見つけたら努力を惜しまずに

第五十六期卒業生の皆さん、ご卒業おめでとうございます。ちょうど三十年前、私は皆さんの場所にいました。私も皆さんと同じように、この高田高校で学んだ卒業生の一人です。若さに満ちあふれた皆さんの輝かしい笑顔を前にしていると、皆さんの喜びが全身に伝わってきます。

また保護者の皆様、今日のすばらしい卒業式を迎え、さぞやお喜びのことと存じます。心よりお祝い申し上げます。

❶私はこの高田高校の第二十六期卒業生です。ずいぶん昔の話になりますが、今こうして母校にいると、時間はおもしろいように逆戻りし、高校生であった頃の自分に戻っていくようです。高校の三年間は、あっという間だったと、とても短く感じている人が多いことでしょう。でもその短い時間の密度の濃さは、言うまでもありません。部活動に熱中した人、勉強に打ち込んだ人、友情を育んだ人、そのどれもが、今皆さんのなかにしっかりと根づいているのです。そしてこれから歩んでいく道で、いつも皆さんをしっかりと支えてくれることでしょう。

❷私の場合はトランペットでした。「継続は力なり」という有名な言葉があります。私は吹奏楽を通して、高校時代にそのことを学びました。

吹奏楽部に入部した私は、それまで楽器の経験がまったくありませんでした。ですから小さい頃から習ってきた人にかなうわけがありません。また、中学校から吹奏楽部に入っていた人にも、もちろんかないません。でも毎日先輩方の指導を受け、吹き続けたトランペットは、今や私の大

Point❶ 卒業生の一人として話をする、というスタンスを明確にする。実際に卒業年度などを伝えると、存在が具体的に。

言い換え 「皆さんはこの高校での三年間を振り返って、何が一番思い出に残っているのでしょうか」

Point❷ 卒業後、高校時代の経験の何に感謝できたかを素直に伝える。自分の経験を自慢したり、押し付けにならないように。

この例文のねらい

先輩という立場から、自分の高校生活を振り返り、そこで得たものを伝える。そして、今卒業していく生徒たちに自分の経験から得たアドバイスを伝える。

各方面へのお祝い｜卒業生へのアドバイス｜

切な生きがいです。仕事につまづいたときはトランペットを吹いて元気をもらいます。嬉しいことがあったときもトランペットを吹いて喜びをかみしめます。

あの高校生のときの厳しい練習、そしてそれを乗り越えたという自信がなければ、そのようなことはなかったでしょう。

これからこの母校をあとに、それぞれの道に羽ばたいていく皆さん。❸先輩としてひとつだけ言わせてください。何かやってみたいことが見つかったなら、どうか途中で投げ出さずに、やり続ける努力を惜しまないでください。はじめは思うようにいかなくて当たり前です。生涯を通して、自分にはこれがある、そんなものに出会えることを願っています。

最後になりましたが、今日まで指導してこられた先生方、そして学校をサポートする活動にご尽力されたＰＴＡの皆様、このような立派な卒業生を送りだす喜びは、はかりしれないことと存じます。心よりお祝いを申し上げ、ごあいさつとさせていただきます。

Point❸

大人一般ではなく、先輩からということで、卒業生が共感しやすくなる。もちろん、先輩風を吹かせて偉そうにしてよいというわけではないので、節度を持って。

国際社会の一員として

ご卒業おめでとうございます。

城南高校での三年間、皆さんは学業や部活動、委員会活動など、さまざまな経験を積んでこられたことと思います。今、学校生活を振り返って、胸がいっぱいになっていることでしょう。

この三年の間に、世界ではさまざまなことが起こりました。テロにより尊い命を失った多くの人々、隣国では世界各国の非難を浴びるような憂慮すべき事態も続いています。戦争もあとを断ちません。

日本においても、いまだ解決していない拉致問題、そして北の北方領土と南の竹島では、それぞれが領有権をめぐって協議が続けられています。❶人と人が争い、国と国が争う、そんな世のなかを、皆さんはどう感じていらっしゃいますか。

また、日本は唯一の被爆国でもあります。校外研修で広島を訪れ、皆さんは原爆が日本に及ぼした悲惨な事柄を目の当《まあ》たりにしてきました。半世紀以上が過ぎても、苦しんでいる人々が現実にいらっしゃるのです。どうぞこれらの事実から、目をそむけないでいただきたいと思います。

皆さんはこの城南高校を卒業し、さらに学問を続ける人もいれば、社会に出る人もいます。数年後は皆さんがこの日本を背負って立つ世代となります。進む道は違えど、ぜひ、一人ひとりが、世界の情勢に関心を持ち、国際社会の一員として、問題意識をいだいてほしいと思います。一人の力は微力でしょうが、それがいくつも集まれば、岩をも動かす大き

Point❶
世のなかの出来事をいくつか紹介したあと、生徒に「どう考えるのか」と問いかけを。次の言葉を始める前に、一拍あけて、少し考える時間を与える。

言い換え
「これからあなた方の時代がやってきます。どうか次の世代に胸を張って残せる社会を築けるよう、一人ひとりが自覚を持って歩んでいってください」

この例文のねらい

社会で起きている出来事を例に問題提起し、国際社会の一員である自覚を促す。そこから身近な例へと話題を転換し、身近なところにも自分のなすべきことがあることを示す。

卒業生への問いかけ、お願い

な力となります。自分でできることを見つけ、積極的に身近な社会へ、そして世界へと働きかけていくことが大切なのではないでしょうか。

環境問題もこれからの大きなテーマです。ゴミもとても細かく分別されるようになりました。❷ファーストフードの店でも、ゴミの分別が行われていますね。ストロー、カップ、カップのふたなどを分けて捨てるようになりました。皆さんは、実践しているでしょうか。「自分一人ぐらい」。そんな思いはありませんか。ぜひ、こんな身近なところから、社会のために自分ができることを見つけ、実践してほしいと願っています。

保護者へのお祝い

いろいろと若い世代にお願いごとをしてしまいましたが、卒業生の保護者の皆様、本日はおめでとうございます。これほどまでに成長したお子様の姿を、頼もしくご覧になっていることでしょう。❸どうぞこれからも、一番の理解者として、お子様と向き合い、見守っていただけたらと存じます。

卒業生の活躍と健康をお祈り申し上げ、お祝いのごあいさつとさせていただきます。

Point❷ 生徒たちの身近な例から環境問題に関心を向けさせる。誰もが実際に体験したことがある身近な事例のほうが、イメージしやすい。

Point❸ 高校卒業ともなると、もう大人扱いされがちだが、親として、まだまだ見守ってほしいという願いを込めて。

卒業生へのお祝い　自分の経験談

不満を語らず、希望を語れ

寺島高校を卒業される皆さん、おめでとうございます。

皆さんの晴れやかな様子を先ほどから拝見し、希望に満ちあふれているその姿に感動していました。これからこの寺島高校を出て、社会に羽ばたく人、大学に進学し学業を深める人、専門的な勉強をするための学校に進む人、道はいくつにも分かれています。でも、❶この高校で過ごした三年間は、いつでも力になってくれる友をつくり、物事を考える礎《いしずえ》を築き、健全な精神をつくってくれたはずです。自信を持って母校をあとにしてほしいと思います。

❷皆さんの卒業に際し、ひとつ私の経験談を述べたいと思います。

私は小さな会社を経営しています。経済変動の激しい時代ですから、会社の経営はたいへんです。万一倒産したら、社員とその家族を路頭に迷わせることになってしまいます。ですから、私の責任は重く、いつもプレッシャーを感じています。

ただ、幸いなことに、真面目に努力する社員が多く、会社のために創意工夫に努めてくれています。彼らは「こうしてみよう、ああしてみよう」などと言い合って、アイデアを出し合いながら仕事をしています。そんな姿を見ていると、会社のためというよりも、自分たちの能力を高めようとしているように感じます。

その一方で、周囲に助けられながらようやく仕事を覚え始めたばかりなのに、給料が安いとか、能率が悪いのは設備のせいだなどと、不満の

Point❶
高校の三年間は、生徒たちの大きな財産であることを伝える。ひとつひとつをきちんと区切りながら話す。

Point❷
エピソードに入る前に前置きをすると、これからどんな話が始まるのか理解しやすい。

この例文のねらい

名言だけを使うのではなく、自分の経験も語ることで表面的な教訓話にならないようにし、生徒たちに向上心を持ち続けることの大切さを伝える。

卒業生へのアドバイス

絶えなかった人もいました。しかし、不満ばかり言っている人は仕事に発見がないので、技術もなかなか向上しません。そんな自分自身がつらかったのでしょう。ほどなくして彼は会社を去りました。

今でも、たまに、「彼は元気でやっているだろうか、打ち込める仕事を見つけられただろうか。それとも、またどこかで不満ばかりを言っているのだろうか」と、その彼のことを思い出すことがあります。

皆さんはこれから寺島高校を巣立ちます。進学するにせよ、社会に出て働くにせよ、どうか常に努力し、夢を語ってください。不平不満を言ってばかりいても益するところはありません。

最後に、ご卒業のはなむけの言葉を贈らせていただきます。

「努力する人は希望を語り、怠ける人は不満を語る」。作家の井上《いのうえ》靖《やすし》さんの言葉です。

③本日旅立つ卒業生の方々が、地道に努力して社会に貢献できるような、立派な社会人になることを期待しています。

言い換え

「私がかつて学生時代の恩師から教わり、ずしりと響いた言葉を、今日ここにいる卒業生の皆さんに贈りたいと思います」

Point ③

スピーチの最後に卒業生たちへの思いを込めて、「期待します」と結ぶ。

他にも

「学び続ける姿勢の大切さ」の話をするなら

【話の展開】 私は最近、仕事の都合で簿記の勉強を始めたのですが、自分が向上している感触にわくわくしています。社会で働き始めると、新人のうちは毎日が学びです。しかし、仕事にも慣れ、日常の仕事に追われていると、いつしか学ぶ心を失いがちになるものです。でも、何歳になっても学ぶ姿勢は忘れないでください。

【ねらい】 卒業後、社会に出る生徒が多い場合に。学校教育を終えて社会に出ても、人は生涯学び続けることが大切であり、それが人を豊かにすることを伝える。

テーマのヒント

- 世界へ羽ばたくためにも、まず日本のことをよく学んでほしいと願う。
- 情報社会のなか、情報に踊らされず、情報を生かせる人になろうと説く。
- チャレンジする気持ちを忘れず、失敗しても取り返す時間はあると伝える。
- コミュニケーション能力が問われる時代。「聞く」「話す」という基本の大切さを説く。

卒業生、保護者へのお祝いと学校へのお礼

自分の信念の紹介

あきらめない、投げ出さない

ただいまご紹介にあずかりました、吉田でございます。ＰＴＡを代表いたしまして、お祝いのごあいさつをさせていただきます。

ここに集う百八十三名の卒業生の皆さん、ご卒業おめでとうございます。また保護者の皆様、お子様が立派に成長され、卒業という門出を迎えられましたこと、誠におめでとうございます。

❶校長先生をはじめ、諸先生方、関係者の皆様、このようにすばらしい卒業生が巣立っていくことは、これまで生徒たちに注いでこられた愛情と、ご指導の賜物と存じます。心よりお礼申し上げます。

これから新しい世界へと羽ばたいていく皆さんに、私の好きなフレーズを贈らせてください。

「あきらめない、投げ出さない」。

私は、それが人間として成長するカギだと思っています。

最近若い人たちの人生観や職業観が変わってきたと言われています。責任あるポストに就かない、たいへんでも充実した仕事よりも安楽に今を過ごすことを大切にするなど、従来の考え方と異なる生き方をする人が増えてきたというのです。

皆さんはどう思いますか。❷私の考えは古いと言われるかもしれませんが、人間の成長は仕事を通して達成されると考えています。責任ある仕事に就いて人より悩み、苦労して解決策を見出して前進していく。つらい思いを乗り越えることによって経験を積み、人間として成長してい

Point❶
ＰＴＡを代表してあいさつする場合、先生方や学校関係者に対して、祝福だけではなくお礼を述べることも大切。

言い換え
「私が仕事をするうえで、いつも心に留めている言葉があります。そして困難にぶつかったときほど、自分に言い聞かせている言葉です」

Point❷
話に熱が入りすぎて、若者の風潮をひと括りに非難する論調になっては、反発を招くだけで話を聞いてもらえない。あくまで個人的意見であることを忘れずに。

この例文のねらい

自分の信念と著名な企業家の言葉で、物事に対する基本的な取り組み方をアドバイスし、困難にぶつかっても簡単に投げ出さないでほしいと伝える。

卒業生への励まし ｜ 著名な企業家の言葉の紹介

くのだと信じています。
　何か困難に出会うとすぐにあきらめ、楽をして暮らせる生き方を求めるような人生では、人間としての成長が望めず、人から尊敬されることもないのではないかと思うのです。
　❸松下電器産業の創業者で、経営の神様と言われた松下幸之助《まつしたこうのすけ》さんは「人生で成功している人は、みな途中であまり道を変えていない。いろんな困難があっても志を失わず、最後までやりとげた人が概して成功している」と述べています。本田技研の創業者の本田宗一郎《ほんだそういちろう》さんやソニーの井深大《いぶかまさる》さんも、旺盛なチャレンジ精神で幾多の苦労を乗り越え、日本を代表する大企業を築き上げました。そういう人の生き方に、人は魅力を感じてついていくのです。
　どうか皆さんも、これからどのような困難に出会おうとも、途中で投げ出さずに果敢にチャレンジして、人間として大きく成長してください。皆さんのご活躍をお祈りいたします。

Point❸
社会的に評価の高い、成功した実業家の言葉を紹介することで、スピーチに説得力を持たせる。

高等学校 卒業式

PTA代表祝辞②

卒業生へのお祝い ｜ 「気力」について

何事も気力が大切

昨日までの春の嵐がうそのように、今朝は気持ちのよい青空が広がっています。本日、この川波高校を卒業される皆さんの門出を祝福するかのような晴天です。ご卒業、おめでとうございます。

これから大学や専門学校に進学する方、社会人として仕事に就かれる方、道はそれぞれ分かれてまいりますが、何をするのでも大切だと思う言葉を、卒業生の皆さんに贈りたいと思います。それは「気力」という言葉です。

この「気力」という言葉は、世界新記録となる八百六十八本のホームランを打ち、第一回ワールド・ベースボール・クラシックで日本の野球を世界一へと導いた王貞治《おうさだはる》監督の好きな言葉としても知られています。王監督はサインをするときも、この言葉を色紙に書くそうで、母校に贈った石碑にも「気力」の文字が刻まれているそうです。

❶この「気力」という言葉を辞書で調べてみると、「活動に堪え得る精神力」とあります。持てる力を十分に発揮するには、この気力が大切だということです。これから歩む人生には、試練が幾多も待ち受けていることでしょう。しかし、気力を充実させて、いろいろな物事に取り組んでいれば、おのずとよい道が開かれると、私は信じています。

気力とは、昔の海軍兵学校で、その日の行いを反省するために自らに発していた五つの問いかけ「五省《ごせい》」にも出てきます。軍隊というと、時代錯誤のような気がする方もいるかもしれませんが、一日の終わりに自

言い換え
（雨の場合）
「春の雨が、厳粛な卒業式を執り行う講堂を包み込むように降り注いでいます。今日のよき日に際し、天から喜びの涙雨が落ちてきているのかもしれません」

Point❶
よく知られている言葉でも、本来の意味があやふやになっていることもあるので、ここで改めて言葉の意味を伝える。

この例文のねらい

「気力」という言葉をキーワードに、何事をするにも気力が重要であることを伝える。また、自分への問いかけの言葉を引用し、一日一日を大切に歩んでいくことを促す。

卒業生へのアドバイス

分を省みるのに、とてもよい言葉を紹介しましょう。
一、至誠《しせい》に悖《もと》るなかりしか（真心に反するようなことはなかったか）
一、言行に恥づるなかりしか（言葉と行いに恥ずかしい点はなかったか）
一、気力に欠くるなかりしか（気力は十分だったか）
一、努力に憾《うら》みなかりしか（努力を十分にしていたか）
一、不精に亘《わた》るなかりしか（最後まであきらめずに取り組んだか）
❷興味のある方は、インターネットで「五省」を検索してみてください。「ああ、あのとき、もっとこうしておけばよかった」そんなふうに思ったことのある人は多いと思います。私だってそうです。そんなとき、この五つの反省を自分に問いかけてみるのです。

これからの皆さんが一日一日を大切に、気力を充実させて過ごされることを祈って、お祝いの言葉といたします。

ご卒業、おめでとうございます。

Point❷

聞き手が、じっくりとその言葉をかみしめたいと思っても、スピーチを聞きながらでは限界も。そのような場合に備え、あとで調べられるようなアドバイスがひと言あるとよい。

言い換え

「一日の終わりに、自分自身を振り返ってみると、明日はもっと充実した日となるのではないでしょうか」

他にも

「人との関わりを大切に」の話をするなら

【話の展開】 先日、路上喫煙禁止の道で歩きタバコをしている人がいたので、声をかけました。すると、「お前には関係ないだろ」という暴言を浴びせられ、驚きました。時代はどんどん個人志向へと変わってきていますが、監視員でもない私が声をかけたことは、よけいなお節介だったのでしょうか。

【ねらい】 社会に出れば、他者との関わり方が重要となってくる。どのような個人であれ、社会の一員としての立場がなくなるわけではないことを考えさせる。

多くの祝福の言葉を

お祝いの言葉は何回伝えても多すぎるということはありません。祝福でスピーチを始め、祝福で締めくくるのも、いいものです。

卒業生や保護者、来賓の立場からなら学校関係者にも祝福を伝えましょう。「おめでとうございます」だけでなく「お祝い申し上げます」「祝福いたします」など違う表現を。

歓送のお礼

学校への称賛と感謝

羽ばたきの時を迎えて

卒業生の保護者を代表し、ひと言お礼のごあいさつを申し上げます。

❶先ほど、学園長先生から、卒業生に卒業証書が授与されました。しっかりと一人ひとりと握手を交わし、あたたかく見つめてくださるお姿に感動いたしました。また、講堂に飾られている卒業生全員の似顔絵は、美術の先生が描いてくださったものだとうかがいました。百三十五人もの生徒の顔を、時間をかけて描いてくださった、そのお気持ちに、何と感謝の言葉を伝えたらよいのかわかりません。きっと今日いただいた卒業証書と高校三年生の自分が描かれた絵は、子どもたちの一生の宝となることと存じます。

このように生徒一人ひとりを大切にしてくれる高校を卒業できますことは、子どもにとっても、親にとってもこれほど嬉しいことはございません。本当にありがとうございます。

三年間お世話になったこの学校で、子どもたちは学業のみならず、たくさんのことを教えていただきました。❷私が強く印象に残っているのは、ホームルームの時間をとても大切にする学校であるということです。文化祭のテーマ決めなど大きな事柄だけでなく、「授業時間がざわついているのをどうしたらよいか」「制服の乱れをどう考えるか」など、常に自分たちで考え、意見を出し合って、行動に結び付けるという、学校の姿勢はすばらしいと存じます。ともすれば反発心ばかりが旺盛になりがちな思春期を、この学校で過ごすことができ、娘は自分の意見を、冷静に筋

Point❶ 何か式の様子で印象深いものを見つけたら、それをスピーチに盛り込むと話に親近感やオリジナリティが生まれる。

Point❷ 校風のなかでとくに感銘を受けた部分に注目して述べる。「いろいろとお世話になった」と言うよりも、具体例を挙げたほうが印象強い。

この例文のねらい

具体的にポイントを絞って学校の校風にふれ、これまで子どもたちを育んでくれたことのお礼を述べる。また母校を誇りに思う気持ちを伝える。

学校へのお願い ｜ 卒業生への願い

道を立てて話す習慣を培うことができたように思います。

子どもたちがこの学校で身につけたコミュニケーション能力は、これからの人生で、何よりも大きな力となることと存じます。

❸私ども親も、そんな子どもたちを誇りに思うと同時に、昭輝学園高校に娘をお願いして本当によかったと思っております。これからも、卒業生一人ひとりが、自分の意見をしっかりと持ち、新しく進む世界で大きく羽ばたいてくれることを願っています。

昭輝学園高校は、何かあるごとに卒業生が遊びに来てくれると娘から聞いております。それだけ愛される母校なのだからでしょう。今日この学校を巣立つ子どもたちも、きっと当たり前のように学校におじゃまするかもしれません。厚かましいお願いではございますが、どうぞそのときはあたたかく迎えてやってください。

最後になりましたが、昭輝学園高校のますますのご発展をお祈りいたしまして、お礼のごあいさつとさせていただきます。

Point❸

子どもだけでなく、親もこの学校を誇りに思っている気持ちを伝える。

言い換え

「いつでも帰ってくることができる学校、昭輝学園高校は、母校という名にふさわしい、娘たちにとってかけがえのない場所です」

他にも

「細やかな進路指導に対するお礼」の話をするなら

【話の展開】子どもは、高校一年のときから、職業体験、大学訪問と、進路を決めるための体験をたくさんさせていただきました。これによって、具体的な将来の目標設定ができたのではないかと思います。さらに三年生の進路決定では、納得できるまで相談に乗ってくださり、ありがとうございました。

【ねらい】高校では進路の決定が大きな課題だが、そのために多くの考える場を提供し、労力を惜しまず相談に乗ってくれた先生に感謝する。

この例文のねらい　母校らしさを表すキーワードを入れることで、「この母校から巣立つ」ことを卒業生に強く感じてもらいながら、お礼の気持ちなどを伝える。

高等学校 卒業式

在校生送辞

卒業生へのお祝い

卒業生との思い出、自分たちの決意

卒業生へのエールとお礼

（先輩に教わったことを後輩に伝えていきたい）

三年生の皆様、ご卒業おめでとうございます。

当たり前のこととはいえ、ついにこのお別れの日が来てしまったのかと、私たち在校生一同、今は複雑な気持ちでいっぱいです。

❶思い起こせば、一番最初に先輩に教えていただいたこと、それはセーラー服のリボンの結び方でした。入学前から憧れていた伝統ある「丘女結び」のしかたを、やさしくていねいに教えてくださいました。それから始まり、この二年間、本当に先輩方にはいろいろなことを教わり、そして助けていただきました。

部活動でのリーダシップ、委員会でのすばらしいアイデアや行動力、合唱コンクールでの力強い歌声、いつのときも、先輩方は私たちの憧れであり、お手本でした。思い出を語り始めればきりがありません。

これからは、私たちが、先輩に教わったことを後輩たちに伝えていく番です。すてきな先輩方に恥じないよう、精いっぱい受け継いでまいりたいと思います。

これから先輩方は、自分で決められた道へと進まれます。❷どうぞ、この桂丘女子高校で培った「知力と敬愛の精神」をますます磨かれ、ご活躍くださいますよう、心よりお祈り申し上げます。在校生一同、この母校で、先輩たちを応援しております。また、いつでも母校に遊びに来てください。先輩方に会えることを楽しみにしています。

先輩、ご卒業おめでとうございます。そしてありがとうございました。

Point❶ 学校によっては、伝統ある行事や習慣があるもの。それに関連した思い出から入ると、母校から巣立つことへの感慨を、卒業生により強く感じてもらえる。

Point❷ 思い出を語るだけでなく、卒業生に対する希望や期待を伝える。校訓などのフレーズを盛り込むと、愛校心の感じられるエールとなる。

高等学校 卒業式

卒業生答辞

この例文のねらい　先生から言われた言葉を軸に高校生活を振り返り、先生に感謝の気持ちを伝える。また、その言葉を後輩への最後の贈り物とする。

学校へのお礼 → 高校生活を振り返って → これからの抱負と在校生へのエール

一歩前へ

今日、私たち百三十二名は、この浦沢高校を卒業します。これまで私たちをあたたかく、そして時には厳しくご指導してくださった先生方、本当にありがとうございました。

❶高校に入学した頃、私は自分に自信がなく、いつも引っ込み思案でした。そんな私を見て、担任の先生が「一歩前を歩きなさい」とアドバイスしてくださいました。そう言われても、急にできるものではありません。先生にそう言うと「焦る必要はない。いつも心で『一歩前へ』と唱えていれば、そのうちにそうなってくる。大事なのは、心にそう言い聞かせること」と言われました。それ以来私は、何かあるごとにほんの少しずつ勇気を出して物事に取り組むようにしてきました。そのおかげで、徐々に積極的に行動することができるようになり、今では失敗を恐れることなく、何にでも挑戦する強い心を持てるようになりました。

「人生にリハーサルはない。チャレンジこそ青春だ」「失敗を恐れるな、失敗は生かすことに意味がある」など、自分自身を励ます言葉をつくって、今でも意識して「一歩前へ」を心がけています。今思うと、あのときの先生の言葉が私の性格を変えてくれたのだと思います。

卒業後の人生でも、常に「一歩前へ」を忘れずに生きていきます。先生、本当にありがとうございました。

❷最後になりますが、在校生の皆さん、どうか皆さんも「一歩前へ」。卒業するにあたり、この言葉を皆さんに残していきたいと思います。

Point❶　自分の高校生活を有意義なものにしてくれた先生の言葉を最初にキーワードとして示してから、話を展開する。

Point❷　先輩からの最後のメッセージは後輩にとって、大人のアドバイスより心に響くもの。自分が大切にしている言葉を贈ることで、後輩への真心が強く伝わる。

Column ②

学校のシステムの理解も必要

祝辞は、学校の長所や特徴を話題にして述べることがあります。そのとき学校のシステムや指針についても理解が必要です。

　まず、公立校と私立校での違いが考えられますが、最近では公立校でも他校と差別化し、学校の特色を打ち出すことが活発に行なわれています。学校のシステムの違いは高校になると顕著になります。いくつか例に挙げるだけでも、

❶大学進学を前提にした「進学指導重点校」
❷三十分授業や体験学習など、特殊な指導方法を導入している「エンカレッジスクール」
❸「IT を活用した教育推進校」
❹進学、就職、生活、部活など、特化した部門に重点を置いている「重点支援校」
❺学年の区分ではなく、三年間で必要な単位を取得する方法の「単位制高校」「総合制高校」
❻商業、工業など職業教育に重点を置いている「専門高校」
❼「昼夜間定時制高校」
❽科目選択だけではなく、時間帯やペースも生徒自身が選べる「チャレンジスクール」
❾「中高一貫教育校」

など、さまざまです。

なかでも、❾の「中高一貫教育校」は、義務教育の中学課程と、高校課程を一貫したカリキュラムを組むことで、高校入試の影響が少ない、ゆとりある教育ができる制度として注目を集めています。

　その中高一貫教育校もすべて同じタイプではなく、

①ひとつの学校として六年間教育する、完全六年制の「中等教育学校」
②中等教育学校より設置形態がややゆるやかな、「併設型の中学校・高等学校」
③既存の市町村立中学校と都道府県立の高等学校が、課程の編成や生徒間交流などを深める形の「連携型の中学校・高等学校」

の、三つのタイプに分類されます。

　このように、近年では私立校に限らず、公立校でも学校の個性化が進められています。祝辞を述べる際にも、学校の方針やシステムを理解したうえでの話題選びが必要です。

4章

謝恩会のスピーチ

謝恩会のスピーチの話題選び

謝恩会のあいさつは心を込めて感謝の気持ちを素直に表すことが第一。ただし、留意すべきいくつかのポイントは押さえておきます。

お世話になった先生方をお招きして感謝する会

在校中にお世話になった先生方に感謝の気持ちを伝えるのが謝恩会です。したがって、主催するのは卒業生あるいは卒業生の保護者であり、先生方はお客様です。

卒業式のあとに学校の体育館や教室を使って行う謝恩会は、卒業式とセットとして行事のなかに組み込まれ、先生方の指導のもとで準備されることも少なくありません。とくに幼稚園や保育園では、会の余興を決めたり、飾り付けをしたりするのも園の側でやってしまうケースが多いようです。

しかし過程はそうであっても、あくまでも「先生方はゲスト」。先生方にくつろいでいただき、スピーチも、在校時のお礼や、無事卒業できたことへの感謝の気持ちを伝えることが中心になります。

定番の言葉を使って礼を尽くすことが基本

謝恩会は何か問題提起をする場ではないので、あいさつも定番の言葉が中心です。もちろん、ありきたりではない個性的なスピーチをしたいという考え方もあるでしょう。

しかし、招待しているのは校長先生や諸先生方であり、卒業生も参加していることを考えると、礼を尽くすことが最優先です。

あまり奇をてらわず、定番の言葉の間に自分らしい話題をほどよく盛り込むことが、謝恩会に適した個性的なスピーチだと言えるでしょう。

討論を起こさないよう共感する話題の提供を

これで最後と思うと、語りたい思い出は尽きないはず。勉強のこと、運動会や文化祭などの行事、進路指導の三者面談など、いずれの場面も今の感謝の気持ちに結びつくものばかりでしょう。

しかし、いくら先生に感謝しているといっても、自分の子だけの特殊な事情、「希望の中学に入学できた」

「コンクールに入賞した」などは避けます。出席している全員が共感できることが大前提です。

また討論の火種をまかないこともルールです。昨今の学校を取り巻く環境は複雑で、いじめなどの問題を抱えている学校もあるでしょう。

それをまったく無視すると不自然になる場合でも、「難しい問題もございましたが～」くらいに留めます。謝恩会の席を、対立や討論の場にしてはいけません。

感謝と慰労の気持ちでコンパクトにまとめる

謝恩会では、主催者（保護者）代表と主賓（教師）代表だけでスピーチが終わるとは限りません。

代表者以外からのあいさつもあれば、全員からひと言ずつ、ということもあるでしょう。また、急にあいさつをしたいと申し出る人もいるかもしれません。

いずれにせよ、あまり長々と語り続けては、本人は感謝の気持ちを伝えているつもりでも、場をしらけさせるばかり。話はコンパクトにまとめます。心のこもった感謝「お世話になりました」と、慰労「お体に気をつけて」のスピーチであれば、短くても気持ちは伝わります。

出席した全員がなごやかに、「いい謝恩会だったね」と名残を惜しみながら笑顔で閉会できる会にしたいものです。

謝恩会のスピーチに入れたいフレーズ

● 出席のお礼

- お疲れのところ、ご出席いただきましてありがとうございます。
- お忙しいところお時間をいただけましたこと、まずは感謝申し上げます。

● 在校時の感謝

- 卒業生たちへのご指導、誠にありがとうございました。
- この3年間のお礼は、とてもひと言で言い表せるものではありません。

● 謝恩会の案内

- 本日は先生方への感謝を込めて、ささやかな会を設けました。
- どうぞごゆっくりご歓談ください。

● 閉会の言葉

- 本日はご出席いただきありがとうございました。
- お名残は尽きませんが、お別れです。
- これからも子どもたちを見守ってくださいますよう、お願いいたします。
- 先生方のご健勝とご活躍をお祈りいたします。

謝恩会

保護者代表謝辞

あいさつと卒園式の感想

在園時の思い出

園と家庭を結んでくれた宝物

皆様、本日はお集まりいただき、ありがとうございます。

これより、こぐま保育園の卒園謝恩会を始めます。私は幹事を務めます斉藤と申します。どうぞよろしくお願いいたします。

❶本日、年長組二十八人は、無事に卒園することができました。これもひとえに園長先生をはじめとする、先生方の熱心なご指導とご助力のおかげだと心から感謝しております。卒園式で元気よく「はい」と返事をし、卒園証書を受け取る子どもたちの姿を見ながら、心のなかで何度先生方に「ありがとうございました」と繰り返したことでしょう。

その感謝の思いを、改めてもう一度申し上げたいと思います。本当にありがとうございました。

入園から今日までを振り返りますと、子どもたちの歌ではありませんが、あんなことやこんなこと、いろいろあったなあと、思い出がいっぱい浮かんできます。

❷なかでも親子の宝物になりましたのが、思い出がすべて書き込まれているこの「連絡帳」です。入園した当時は、まだオムツも取れず、お話もできない赤ちゃんでしたので、園と私たち親を結んでくれたのが、この連絡帳でした。園での子どもの様子が知りたくて、先生が書いてくださった内容を毎日、何度も何度も繰り返し読んだものです。

子どもが少し大きくなり、お話ができるようになってからは、「こんなことが書いてあったよ」と話して聞かせたり、時には父親に「先生がね、

言い換え

（名乗らない場合）
「本日は私が幹事を務めさせていただきますので、何かありましたらお気軽に声をかけてください」

Point❶

先生方へ、無事に卒園できた感謝の気持ちを伝えることが第一。給食の担当者、送迎バスの運転手などが同席している場合は、「先生方、職員の皆様方の～」と、その方たちへのお礼も忘れずに。

Point❷

思い出は個人的なことではなく、ほかの保護者も同じ思いを感じているような話題を。連絡帳などのように、持参できるものなら実際に用意し、見せながら話をすると、より共感しやすい。

この例文のねらい
謝恩会に出席しているすべての保護者が共感できるような、身近で具体的なエピソードを交えながら、先生方への感謝の気持ちを表す。

会の簡単な説明

ほめてくださったのよ」と連絡帳を読み上げ、報告をしたりしました。

日記を書いても三日坊主の私が、連絡帳だけは五年間休まず、家庭での子どもの様子や親の思いを書き続けました。つたない文章でしたが、先生は必ず目を通して、アドバイスやあたたかい励ましの言葉を書き添えてくださいました。今、改めて読み返すと、子どもだけでなく親もまた、子どもと一緒に成長させていただいたことをつくづく感じます。

今日は先生方へのお礼に、ささやかではありますがこの会を設け、ご近所ではおいしいと評判の「シェフキッチン」のお弁当もご用意いたしました。子どもたちも、目の前のお菓子とサンドイッチを早く食べてみたいようですね。

のちほどには、先生方に楽しんでいただけるよう、保護者有志によるちょっとした余興をしたいと思います。先生方からも何か隠し芸をご披露していただけるとのこと、こちらも楽しみにしております。

それでは、先生、最後までよろしくお付き合いください。❸お父様、お母様、そしてみんなも、先生方への「ありがとう」の気持ちを込めて、楽しい会にいたしましょう。

言い換え
「一人ひとりの子どもに、どれだけ細やかな気配りと大きな愛情を持って接してくださっていたかが、伝わってまいります」

Point❸
「お父様、お母様」では親たちのほうを見て、「みんなも」では子どもたちに笑顔を向けて〝全員で楽しむ〟ことを呼びかける。最後に会の進行を簡単に説明してもよい。

この例文のねらい　未来へ踏み出すという気持ちを込めながら園の先生方への感謝を伝え、さわやかな別離のあいさつで会を締める。

保育園 幼稚園

謝恩会

保護者代表締めのあいさつ

閉会の呼びかけと協力へのお礼

園への感謝とこれからの希望

お別れのあいさつ

「ありがとう」で先生にお別れを

まだまだ盛り上がっていますが、時間がまいりました。お名残は尽きませんが、そろそろお開きとさせていただきます。先生方、皆様方、楽しんでいただけましたでしょうか。

この会を開くにあたり、幹事だけでなく、たくさんの親御さんの力をお借りしました。お仕事を持っておられる方も多く、お忙しいなかでも、「先生方に少しでも感謝の気持ちをお伝えしたいから」と気持ちよくお力添えいただきました。この場をお借りし、改めてお礼を申し上げるとともに、ご報告いたします。

❶今日で子どもたちは園を巣立ち、新しい一歩を踏み出します。そして私たち親もまた、先生方に励まされながらがんばってきた子育ての第一ステージを卒業し、次のステージへと向かうことができます。これもひとえに先生方のおかげと感謝しております。子どもたちも私たち家族も、この園で過ごした楽しい日々や、先生方のことはけっして忘れません。❷園長先生、諸先生方、どうぞこれからもお元気でご活躍ください。

昨日までは「また明日ね」とお別れを言ってきましたが、これで本当にさようならです。なんだか悲しくなってしまいますので、いかがでしょうか、今日は「ありがとう」でお別れいたしましょう。お父様、お母様、子どもたちも、感謝を込めて大きな声で、「先生、ありがとうございました」をお願いします。

では、いきますよ。（全員で）「先生、ありがとうございました」。

Point❶　思い出話は、すでにたくさん話されているはず。締めのあいさつでは、思い出よりも、未来への意気込みを簡潔に述べたい。「こうして前進できるのは先生方のおかげ」のひと言を忘れずに。

Point❷　できれば先生方一人ひとりの顔を見ながら、名前を呼びたいもの。そうすることで、出席している親たちの視線も名前を呼ばれた先生に集まり、感謝の気持ちがより強く伝わる。

保育園 幼稚園 謝恩会

先生のあいさつ

この例文のねらい　数多くの子どもと接している保育者ならではの視点を交えて内容に深みを持たせつつ、園側からの感謝の気持ちを示す。

お祝いと招待のお礼 ／ 卒園児と保護者への感謝 ／ 最後のお願いとお別れのあいさつ

成長した姿を見せてください

ご家族の皆様、お子様のご卒園おめでとうございます。心よりお祝い申し上げます。

また本日は私どものために、❶このようなお心のこもった会を開いていただき、ありがとうございます。

園の生活というのは同じことの繰り返しなのですが、でも同じ日などありません。毎日、毎日、何かが起きます、何かを発見します。それは子どもたちが成長していく過程での変化です。けんかをするのは自我の芽生えであり、紙芝居の席を譲り合ったり、おもちゃの貸し借りをしたりすることは協調性の芽生えであり、思いやりの心です。子どもたちが見せてくれる小さな発見が、私たち保育者の喜びであり、エネルギーになります。ですから私たちは、本当に楽しくお仕事ができました。

子どもたちに、「たくさんの元気をくれてありがとう」と、お礼を言いたいと思います。また私たちを信頼し、❷この子たちを育むお手伝いをさせてくださいました、保護者の皆様に感謝申し上げます。

今の気持ちを正直に申し上げますと、喜びと寂しさが行ったり来たりしております。そこでひとつだけお願いがあります。

まず、みんな。みどり保育園はずっとここにあるから、小学生になっても、時々先生たちに元気なお顔を見せに来てくださいね。

そして、お父様、お母様方も、時には園に立ち寄り、お子様たちのご様子をお聞かせください。それでは皆様、どうぞお元気で。

Point❶ 保育園・幼稚園では、謝恩会の準備も実質的には園側で行うことが多く、招待されている感覚が希薄になりがちに。しかし、「謝恩会」という名目で開かれる場合には、園側は招待客の立場として礼を述べるのが基本になる。

Point❷ 保護者側の感謝の気持ちに対し、「むしろ感謝するのは自分たちのほう」という謙虚な姿勢で応える。あるいは「園の方針を理解し、協力してくださいましてありがとうございます」という感謝の表し方でもよい。

小学校

謝恩会

保護者代表謝辞

保護者として卒業生へ

先生方に感謝の気持ちを直接お伝えください

これから謝恩会を始めます。卒業生の保護者を代表いたしまして、ひと言ごあいさつを申し上げます。

❶卒業生の皆さん、午前中の卒業式はいかがでしたか。厳粛ななかにも、あたたかいはなむけのお言葉や、応援のメッセージをたくさんいただきましたね。今は難しくても、いつかきっとその意味がわかる日が来ますから、心のなかにしっかりとしまっておいてください。

ご家族の皆様、❷本日はお子様の卒業おめでとうございます。卒業証書を受け取る子どもたちの緊張した顔を見ていましたら、同じような顔をいろいろな場面で見たことを思い出しました。

それは運動会の徒競走で走っているときの顔であり、ドッジボール大会でボールを投げる瞬間の顔であり、臨海学校で遠泳をしたときの顔であり、宿題をしているときの顔でもありました。ひたむきに何かに向かっているときの子どもたちの顔です。

みんな、すばらしい顔をしていると感動いたしました。皆様方は、この日を迎えたこと、そして卒業式でのお子様の表情をご覧になって、どんなことをお感じになったでしょうか。

保護者に先生方との歓談を促す

これから、先生方を囲んでゆっくりと思い出のひと時を過ごしたいと思います。今日を最後に、先生方とこうしてゆっくりお話ができる機会もそうないと思いますので、子どもたちが無事卒業を迎えられた今の感謝のお気持ちを、直接お伝えいただければと思います。

Point❶
卒業生が出席している場合は、彼らにも話しかけ、一緒にこの会を盛り上げ、先生に感謝しようというメッセージを発信する。子どもたちを無視するようなあいさつは避けたい。

Point❷
「本日の卒業式は、喜びと感動に満ちた、とてもすばらしいものでした」と付け加えるとさらにていねい。

言い換え
「朝日小学校の子どもたちは、みんなまっすぐに育っているんだと、改めて感動し、先生方のご指導に感謝いたしました」

この例文のねらい

誰もが思い浮かべやすい思い出話をしながら、保護者に感謝の気持ちを伝える最後の機会であることを示す。また、リラックスした雰囲気の楽しい会にしたいことを伝える。

先生方にくつろいでほしいと伝える

❸校長先生、教頭先生をはじめ諸先生方にはお疲れのところ、ようこそお運びくださいました。

お世話になり続けながら、きちんとお礼を申し上げることもないまま今日に至ってしまいました。本日は六年ぶんの感謝の気持ちを込め、この会を設けました。卒業式も滞りなく終え、ほっとされているところかと思いますので、この場はどうぞかしこまらず、リラックスしてお楽しみください。子どもたちも、私ども保護者も、いろいろな思い出を聞かせていただけるのを楽しみにしております。

会の簡単な説明と協力へのお礼

それでは、最後までごゆっくりとおくつろぎください。子どもたちの劇や合奏、また保護者の歌の合唱もございます。この合唱は飛び入り参加も大歓迎ですので、先生方もよろしかったら、ぜひご一緒に舞台に上がって歌ってください。楽しい思い出づくりをいたしましょう。

最後に、この会を開くにあたりましては、たくさんの方のご尽力をいただきました。この場をお借りして、お礼を申し上げます。

Point❸

「お礼を言いたい先生の姿が見えないが、それを誰かに聞くのは、はばかられることなのかな……」という状態は落ち着かないもの。事前に先生の出欠を確認し、欠席やあとから来る場合には、簡単にその旨も伝えるとよい。

この例文のねらい　担任以外の先生と話ができたり、保護者同士の情報交換ができたりと、なごやかさだけでなく、有意義な会でもあったことを簡潔に述べる。

小学校 謝恩会

保護者代表締めのあいさつ

先生方へのお礼と会の感想 ／ 学校全体への感謝 ／ 閉会のあいさつ

先生方の苦労を知り、改めて感謝を

先生方、❶本日は最後までお付き合いいただきまして、本当にありがとうございました。

今までもクラスごとの懇親会はありましたが、こうして学年全員が一堂に会してゆっくりと話し合うのは、これが最初で最後かと思います。

担任の先生だけでなく、ふだんお話できない、音楽と体育の先生からも、今まで知らなかったことや、音楽会、運動会などでの苦労話をお聞きし、先生方の陰のご苦労やご配慮を知ることができました。子どもたちのためとはいえ、自分だったらそこまでできるだろうかと思うと、今さらながらに嬉しく、ありがたく感じました。

また、本日はこれまで一度もお話をしたことがない保護者の方とも、同じ親としていろいろと情報交換ができましたことも、幸いでした。

❷今、各地では難しい問題を抱えている学校もあるようですが、この飯田小学校では校長先生や諸先生方のお力で、大きな問題もなく子どもたちは伸びやかに育ってまいりました。❸この子たちが、飯田小学校で六年間を過ごせたことを心から感謝いたしております。どうぞこれからも卒業生たちを見守っていてくださいますよう、お願い申し上げます。

卒業生の皆さん、劇も合唱もとても楽しかったですよ。どうもありがとう。

それではお名残は尽きませんが、飯田小学校と先生方のますますのご活躍をお祈りしつつ、謝恩会をお開きにしたいと思います。

Point❶　六年間の思い出とお礼を述べるほうに気を取られすぎて、当日、この会のために先生方がわざわざ時間をつくってくれたことへのお礼を忘れないように。

Point❷　時事の話題は一般論に留め、深く掘り下げない。「大きな問題もなく過ごせて幸せだった」という気持ちが伝われば十分。

Point❸　「この小学校でよかった」は最上級の賛辞。いじめなどの問題が解決していないことが明らかな場合などは、皮肉に聞こえないよう、表現に気をつける。

小学校 謝恩会

先生のあいさつ

この例文のねらい　謝恩会開催のお礼と、在学中の保護者の協力と理解へのお礼。子どもたちへは、親の気持ちを代弁するような愛情のエールを送る。

お祝いと卒業生へのメッセージ／家庭の協力へのお礼／招待のお礼と今日の喜び／最後のお願い

学校と家庭の連携プレーの賜物

❶保護者の皆様、お子様のご卒業おめでとうございます。これだけ多くの皆様が集まって、子どもたちの卒業を祝っていただき、この子たちは本当に幸せだと思います。そして、皆様のお子様に寄せる期待と、教育に対する関心の深さが伝わってまいります。

幸いにして❷我が松原小学校では、大きな学校問題は起きておりません。これも、ご家庭の協力があればこそではないかと思います。

小学校というのは、保護者の皆様のご協力がなければ機能しないな、と感じることがよくあります。学校だけでも、勉強を教えることはできますが、学校と家庭の連携プレーができていないと、子どもたちを本当の意味で育むことは難しいのです。皆様方にはこの六年間、変わらぬご理解とご支援をいただきまして、教職員一同感謝しております。

また本日は、このような会にお招きにあずかり、喜んで参加させていただきました。ありがとうございます。

六年生の受け持ちになりましてからは、小学校生活の楽しい思い出づくりと、無事に卒業させることを念頭に、できる限りの力で励んでまいりました。まだまだ力が足りなかったところもあったとは思いますが、全員そろって卒業式が迎えられたことは、とても嬉しいことです。

さて、これが先生から皆さんへの最後のお願いです。❸お父さんやお母さんに心配をかけないよう、病気や怪我などしないように気をつけること。約束ですよ。そして、ご家族の皆様もご健勝でお過ごしください。

Point❶　謝恩会の謝辞であっても、卒業のお祝いから入るほうが自然。卒業生も同席して聞いている場合、家族への感謝を促すようなひと言を添えるとなおよい。

Point❷　「トラブルはない」というプラスの話題はよいが、いじめなどの問題がある場合は、あえて話題にする必要はない。

Point❸　かしこまらない場なので、心を引き締めるような難しいアドバイスよりも、愛情のこもった、親の気持ちを代弁するような忠告がふさわしい。

中学校 謝恩会

保護者代表謝辞①

この例文のねらい　クラス単位の会では、思い出もそのクラスに関するエピソードを選び、ともに過ごしてきた時間を振り返る。

あいさつと先生方へのお礼

思い出と感謝

会の簡単な説明

クラスがよくまとまって、全員で乗り切った

❶皆様、卒業式も無事に終わり、ほっとされたところではないでしょうか。先生もお見えになりましたので、謝恩会を始めたいと思います。

❷吉田先生、そして美術の青木先生、お疲れのところ、この会にご出席いただきまして、ありがとうございます。

またこの三年間、たいへんお世話になりましたことを深く感謝し、お礼申しあげます。

中学時代はたいへんだとよく言われます。思春期、反抗期、それに三年になれば受験まで重なるわけですから、親のほうもそれなりに覚悟をしていました。

ところが三年一組は、クラス全員が非常によくまとまっていて、運動会ではクラス優勝を果たし、校内合唱コンクールでも二位になりました。抜群のチームワークで、学校行事をこなしながら、受験も乗り切ったようです。多感なこの時期に大きなトラブルもなく、また全員そろって、こうして笑って今日の卒業式を迎えられましたのは、子どもたちを引っ張っていってくださった先生方の熱意とご指導のおかげだと、三年一組の保護者一同、心から感謝いたしております。

親と子どもたちとで感謝の気持ちを込めまして、この会を設けさせていただきました。どうぞゆっくりと思い出などお話ししていただきたいと思います。今日も子どもたちはチームワークを発揮して、何か出し物を用意してくれているようですので、そちらもお楽しみください。

Point❶　クラス単位の会では、マイクを使わないことがほとんど。大きな声ではっきりと、うしろのほうの人にまで聞こえるように話すことを心がけて。

Point❷　クラス単位の場合は、必ず出席してくれた先生の名前を呼ぶ。ぐっと親近感が出て、なごやかな雰囲気になる。

この例文のねらい　子どもが出席していない宴席では、「気難しくなった」「親の話を聞かない」といった本音も交え、大人どうしの打ち解けた雰囲気を出す。

中学校 謝恩会

保護者代表謝辞②

先生方へのお礼と思い出

会の簡単な説明

思い出をひと言ずつ（大人だけの会合の例）

卒業生の保護者を代表しまして、ひと言ごあいさつ申し上げます。

諸先生方には子どもたちへのご指導、ご尽力、誠にありがとうございました。中学に入学し、三年間を過ごせば、当然卒業となるわけですが、無事に卒業することの難しさを、思い知らされた三年間でありました。

子どもが成長していくエネルギーは、時には反抗という形になり、時にはかたくなになり、親の声が届かないこともありました。親の声だからさらに反発して届かないということもあるのですね。そんな子どもたちを親身になってお世話いただき、受験という難関も乗り越えさせ、卒業まで導いていただきましたこと、深く感謝いたしております。

おかげさまで❶卒業生たちは笑顔で巣立っていきました。私たち保護者一同も、これに勝る喜びはございません。

本日は、先生方へ感謝の気持ちとして、ささやかではありますが、小宴を設けさせていただきました。肩の荷を下ろしたところで、ゆっくりとお楽しみください。たぶん私たち親が知らないような出来事もあったことでしょう。今日は子どもたちもおりませんので、大人どうし、今だから明かせるといったお話もできるのではないかと思います。

また本日は、ご多用のなか、保護者の皆様にもたくさんお集まりいただき、幹事一同、心よりお礼申し上げます。乾杯のあと、❷皆様からも先生方へひと言ずつお礼の言葉をいただきたいと思いますので、よろしくお願いいたします。

Point❶
事故などがあった場合、保護者全員が承知していること（交通事故、運動中の負傷など）であれば「残念なことに痛ましい事故もありましたが～」とふれてもかまわない。

Point❷
参加者に「ひと言ずつ」といったお願いがある場合は、参加者が心の準備ができるように、あらかじめ伝えておく。

この例文のねらい　子どもだけでなく、親もまた充実した時間を過ごせたという感謝の気持ちを伝えつつ締めくくる。

中学校 謝恩会

保護者代表締めのあいさつ

先生方へのあいさつ → 中学校の思い出 → 閉会の呼びかけと先生方へのお礼

親も卒業していきます

まだまだお話は尽きませんが、そろそろ先生方をお送りする時間になってしまいました。

校長先生、諸先生方、お疲れのなか、私たちの謝恩会にご出席くださいまして、ありがとうございました。先生方におくつろぎいただこうとお招き申し上げたのですが、ついつい質問攻めになってしまいました。どうぞお許しください。

不思議な感覚ですが、今まさに❶私たち保護者もまた、この緑ケ丘中学校を卒業するような気持ちです。保護者会で、授業参観で、三者面談で通いました教室、運動会の応援で声を張り上げた校庭、そこここに思い出があふれています。先生方にも子どもと一緒にたくさんのアドバイスをちょうだいいたしました。子どもたちだけでなく、私たちもこの三年間を忘れることはけっしてありません。

これから子どもたちは新しい生活を始めますが、いろいろな壁にぶつかることもあろうかと思います。そんなとき、先生をお訪ねし、ご相談申し上げることがあるかもしれません。❷その折には、どうぞよろしくお導きいただきたく、お願いいたします。

最後になりましたが、この緑ケ丘中学校の発展と先生方のご健勝とご活躍をお祈りいたします。また、この❸謝恩会のために教室を開放し、ご協力いただきました校長先生に、お礼申し上げます。

これで謝恩会を閉会させていただきます。

Point❶　先生にお世話になったのは子どもだけではないはず。自分たちもこの学校を愛してきたことを伝えることで、心からの感謝を伝える。

Point❷　卒業しても、信頼している恩師として指導していただきたいとお願いする。結びの言葉として、必ず入れておきたい。

Point❸　PTAや保護者有志が主催する謝恩会のために、教室などを借りた場合は、使用を許可してくれた学校側へのお礼も忘れずに。

中学校

謝恩会

先生のあいさつ

この例文のねらい 自分たちも全力で愛情を注いで指導してきたが、親の愛情にはかなわないと親に花を持たせる。

お祝いと招待へのお礼 → 今日の喜び → 保護者への称賛 → 最後のお願いとあいさつ

子どもには、家庭の愛情が一番強い

お子様方のご卒業を心からお祝いいたします。おめでとうございました。また、本日はお招きにあずかり、ありがとうございました。皆様のお気持ちはとてもありがたく、たいへん感激しつつ、ここに参列させていただきました。

❶今日は皆がよい顔をしています。卒業生は当然ですが、ご家族の皆様もよい笑顔です。我々教師の顔はいかがですか。自分でも締まりがないとあきれるくらい、今日は自然に口元がほころんでしまいます。いつも今日のような顔で指導できればよいのですが、時には怖い顔して厳しいことも言いました。むしろそちらの方が多かったかもしれません。

❷先ほど「今日の日を誰が喜んでくれているか」と卒業生に尋ねましたところ、全員が「お父さんとお母さん」と答えました。「そのほかでは」と聞きましたら、けげんな顔をしていました。そこで「先生だって、ものすごく嬉しい」と言ったら、はじめて気がついてくれました。

我々も全力で彼ら彼女らの持つ、可能性というすばらしい芽を伸ばしていきたいと指導してまいりましたが、やはりお父さん、お母さんの愛情に比べますと、足元にも及びません。

❸我々は今日で子どもたちともお別れですが、時には成長した顔を見せに来てほしいと思います。親御さんには、子どもたちが一人立ちするその日まで、これからもお子様の健全な成長を支援してくださるよう、心から願っております。卒業生とご家庭のお幸せをお祈りいたします。

Point❶ 謝恩会はなごやかな雰囲気が第一。教師としてはつい教育論的な話をしてしまいがちになるが、それは場違いな印象になりやすい。平易な言葉で、皆で喜びを分かち合うスピーチを。

Point❷ あらかじめ用意した話題よりも、その日の印象的な出来事（卒業式や謝恩会でのこと）を話したほうが、聞いている父母や生徒の共感を得やすい。

Point❸ 「別れてしまえば、関係は断たれる」といった印象にならないように、「また顔を出してほしい」「先生も見守っている」というような言葉を添えたい。

高等学校

謝恩会

保護者代表謝辞

先生方へのお礼と今の気持ち、子どもへの期待

立食で、自由に動き、話をしましょう

校長先生をはじめ、諸先生方、卒業生への三年間のご指導、本当にありがとうございました。

卒業生たちは晴れやかに、新しい自分の人生に向かって歩き出しました。親から見ますと、まだまだ心もとなくも感じますが、❶進学にせよ、就職にせよ、また思案中であるにせよ、自分が選んだ自分の人生の第一歩です。黙って見守っていくのが親の役目と考え、これからは必要なとき以外は手も出さず、口も挟まないように自戒したいと、卒業式に参列しながら、思いを新たにいたしました。

親のほうは、まだ子離れに未練が残っておりますが、卒業生たちはきっと大丈夫でしょう。本校のモットーであり、先生方に教えられた「自立」の精神で、突き進んでくれるものと期待しております。

出席への感謝とゲストの紹介、保護者への呼びかけ

今日までの先生のご指導に、親子ともども感謝の思いをお伝えすべく、謝恩会を催させていただきました。校長先生、教頭先生、諸先生方にはわざわざお運びいただき、ありがとうございます。また❷一年生のときにお世話になり、現在は退職されて福島にお住まいの、伊藤・前校長先生も、今日の日のために駆けつけてくださいました。お久しぶりでございます。ますますご健勝のご様子で、こうしてお目にかかれますことを、卒業生ともども嬉しく感激いたしております。ご出席賜り、誠にありがとうございます。

諸先生方には、❸のちほどゆっくりとお言葉をいただきたいと思いま

Point❶ 卒業生の進路はさまざま。大学や専門学校に進む者、就職する者、まだ決めていない者、そうした全員に配慮した言葉を選びたい。

Point❷ 異動したり、退職したりした先生が駆けつけてくれた場合には、「わざわざ」や「遠くより」などのひと言を添えて紹介すると、感謝と喜びもより実感できる。

この例文のねらい

卒業生も含め大人のパーティと考え、感傷的な思い出話を交えずに、出席した先生方へのお礼と、親子が力を合わせて企画した会であるという話だけにし、強い感謝の気持ちを伝える。

会の簡単な説明

すので、どうぞよろしくお願いいたします。その際に、先生のご紹介もいたしますので、保護者の皆様は、担任の先生だけでなく、部活動でお世話になった先生、選科の先生にも、どうぞお声がけいただきたいと思います。その際には「何組の○○の親です」とお名乗りください。誰の家族かわからないと、先生もお困りになりますので。

さて、テーブルには華やかなお花が生けてありますが、これは元・華道部が中心になり、卒業生女子が飾ってくれたものです。壁際に用意してある椅子は、卒業生男子が手分けして運び入れてくれました。会場入り口の看板は、元・美術部ががんばってくれました。さらにお手元のプログラムは、多くの保護者の皆様にお手伝いいただいてつくったものであることを、ご報告申し上げます。

今日は席を決めない立食形式にいたしました。自由に移動し、語らっていただきたいと思います。ではお料理の準備もできたようですので、❹乾杯から始めたいと思います。ここからの進行は卒業生に任せます。

Point ❸
先生方へのお願いであるが、保護者に向けて、こういうことが行われるという案内にもなっている。出席者の多い会では、あいさつのなかで、簡単な進行の説明をしておきたい。

Point ❹
卒業生は未成年なので「ただし、ソフトドリンクです」と笑顔でつけ加えるなど、場をなごませるひと言があるとなおよい。

高等学校 謝恩会

保護者代表締めのあいさつ

この例文のねらい　盛大に盛り上がった会の終わりにふさわしく、改まったあいさつを行う。会の格調ある雰囲気を損なわないよう、結びの言葉はていねいにする。

逆境に負けない力はついている

閉会の呼びかけ

皆様、そろそろお開きの時間がまいりました。ゆっくりご歓談いただけましたでしょうか。一年から三年までの担任の先生、生活指導の先生、部活動の先生と、今までのお礼を申し上げるだけであっという間に過ぎた二時間でした。改めて、どれだけ多くの先生方が子どもたちに関わり、ご指導くださっていたかを、ありがたく実感いたしております。

先生方の指導への感謝

これから卒業生たちがどんな道を歩いていくにせよ、その指針となりますのが、この学校で諸先生方から受けたご指導ご教訓であり、また友と語り合い、体験してきた日々の思い出であると存じます。

卒業生たちは、❶今あらゆる可能性と向き合っています。まさに前途洋々でありますが、山にぶつかり、壁にはばまれ、川に流されそうになることもあるかと思います。でも先生方のおかげで、必ずや、それらに負けないで乗り切っていけるだけの力をつけることができたと確信しています。今日までご指導いただき、本当にありがとうございました。

保護者に出席のお礼
子どもへのエール、先生へのあいさつ

❷また保護者の皆様、ご出席ありがとうございました。盛況な謝恩会となりました。子どもたちだけでなく、親にとりましてもよい思い出となったのではないでしょうか。そして卒業生の皆さん。この高校の思い出を大切に、これからも励んでください。

最後になりましたが、先生方にお願い申し上げます。今後も卒業生たちへのご助言、ご鞭撻をよろしくお願いいたします。山台高校の発展と先生方のご健勝、ご活躍を祈念いたします。

言い換え

「お別れのお時間が迫り、寂しさが込み上げてまいります。先生方への感謝を胸に、この会を閉じさせていただきます」

Point❶

「この先には困難もあるだろう」という否定的な話題が入る場合は、必ず前後で「前途洋々」「乗り越える」などのフォローの言葉を入れ、暗いトーンの話で終わらないように。

Point❷

学校などで行われる場合は、保護者に出席のお礼は不要。しかしホテルなどで行う場合（高額な会費制）には、実行委員が保護者にも出席のお礼を述べるのが一般的。

高等学校 謝恩会

先生のあいさつ

この例文のねらい　教師も生徒や保護者に教わりながら、経験を積んでいるのだということを伝える。また、かしこまらない会にしましょうと提案して、雰囲気をやわらげる。

お祝いと招待へのお礼 ／ 卒業生への感謝 ／ なごやかな歓談を提案

卒業生諸君から教わったことも

まずは、卒業生諸君、おめでとうございます。そして、ご両親の皆様、お子様たちのご卒業を改めて心からお祝い申し上げます。
また本日はご招待いただき、ありがとうございます。ようやくこの日に到達したと、感無量でここに座らせていただいています。
❶今日は私たちからもお礼を申し上げたいと思います。ひとつのことを何年もやり、経験を積みますと、少しくらいのことでは動揺しなくなります。経験を積むとはそういうことです。しかし教師の仕事は、いくら経験を積みましても、過去に経験しなかったこと、過去の経験だけでは解決できないことも次々に起こります。❷それを乗り越えさせてくれたのは生徒たちにほかなりません。教えることは教わることだとよく言われますが、私たちも生徒たちから、さまざまなことを学びました。また、保護者の皆様からお教えいただいたこともございます。
ですから私たちからも、この三年間、本当にありがとうございましたと言わせていただきます。卒業生諸君とともに経験したことは、次の世代の生徒たちの指導に生かしていきたいと思います。
❸それにしましても、ハラハラ、ドキドキすることもずいぶんありました。保護者の皆様も、今だから笑って話せるということもおありだと思います。そんな思い出をこれからの時間、ゆっくりとお聞かせいただきたいと思います。

Point❶　教師は本来お礼される側だが、生徒、保護者、教師が互いに教え、教わりながら、この日を迎えたのだと謙遜する姿勢も大切。

Point❷　高校では、小・中学校のときほど親は学校行事に頻繁に参加しない。したがって親への感謝は簡単にふれる程度にし、生徒への感謝を中心にするほうが自然。

Point❸　在学中は指導者の立場であったが、今日は子どもたちをともに見守ってきた者どうし、保護者ともざっくばらんに語り合いたいという提案で、保護者の緊張感をやわらげる。

Column ③

話に集中させるコツ

スピーチをするときに、会場がざわついてこそいないものの、視線が窓の外に行っていたり、下を見ていたりして、聞き手がいわゆる「うわの空」になっていることがあります。

それくらいのほうが気楽にスピーチできるという人もいると思いますが、せっかく一生懸命誠意を伝えようとしているのですから、集中して聞いてもらうほうが気分よく話せることでしょう。

聞き手に集中してもらうためには、ふたつの方法があります。仮にプッシュ(押す)型とプル(引く)型と呼んでおきましょう。

プッシュ型の典型は、「こんにちは!」と、あいさつのやりとりをしたり、「知っている人、手を上げて」などと言って聞き手に行動を取らせたりする方法です。

また、元気よく、腹の底から声を出すこともプッシュ型。選挙の街頭演説などを想像してもらえばわかりやすいと思いますが、元気な声には迫力があり、聞き手はそれに押されて何となく聞いてしまいます。悪い言い方をすれば、自分の声をしっかり相手に押しつける方法です。

それと正反対の手法がプル型です。と言っても、聞き手が耳をじっとこらさないと聞こえないようにボソボソと話すことではありません。話の合間の沈黙を効果的に使うのです。

話の途中に間があると、ほかのことに気を取られていた聞き手も「何かあったのか?」と話し手に注意を向けるようになります。

このふたつの型は、スピーチの最初から最後までどちらかだけを通すのではなく、聞き手の様子をうかがいながら使い分けます。そう、これが、「話のメリハリ」になるのです。

押したり引いたりすることで、聞き手の心に常に動きを持たせ、飽きることを防ぐことが目的です。聞き手の注意力が散漫になっているなと感じたら、どちらかの方法を試してみるとよいでしょう。

ただし、やりすぎは禁物。聞き手がすでに話の内容に引き込まれている雰囲気を感じたら、オーバーな表現は避け、言葉のひとつひとつを聞き手がきちんと聞き取れるように、話すことに集中します。

5章

言葉選び・話題探しのヒント

敬語の使い方

―敬語を正しく使って失礼のないスピーチを―

ていねいに話しているつもりでも、敬語の使い方を誤ると、失礼になったり、意味がわかりにくくなったりすることがあります。

尊敬語と謙譲語の逆使いに注意

敬語には尊敬語、謙譲語、ていねい語の三種類があります。

このなかで、ていねい語は比較的単純です。基本的には、文末に「です」「ます」「ございます」をつけたり、単語の頭に「お」や「ご」をつけたりするだけのことです。

ややこしいのは、尊敬語と謙譲語。両方とも、敬意を表すという結果は一緒ですが、敬意を表す方法が正反対になります。

尊敬語は誰かを高める言い方です。謙譲語は自分（や身内）を低めることによって、結果的に、自分（や身内）以外を高める言い方です。

これを逆に使うと、自分を尊敬してしまったり、他人を勝手にへりくだらせることになったりと、失礼なことになります。

「誰が」「誰に」をよく考えて

尊敬語と謙譲語の間違いは、自分が第三者的な視点で話すときに起きやすいので気をつけます。

たとえば、「生徒A君がB先生にこう話した」というとき、「A君はB先生にこうおっしゃった」と言うのは間違い。暗黙のうちに「A君はB先生より立場が上」と言っていることになります。

この場合の正解は、「A君はB先生にこう言った」、または「申し上げた」です。「言った」にするか、「申し上げた」にするかは、A君がB先生に言った内容や、自分・A君・B先生の人間関係の距離感によっても違ってきます。

このように、尊敬語と謙譲語には人間関係の価値判断を含むニュアンスがあるので、使い方を間違えないようにしないといけません。

ていねい語の「お」「ご」に注意

ていねい語は比較的単純ですが、単語の頭につける「お」や「ご」には、ある程度注意が必要です。

基本的には「お考え」「お祝い」のように、和語では「お」を使い、「ご指導」「ご案内」のように、漢語では「ご」を使います。また、外来語（カタカナで表すような単語）にはつけません。

ただ、この法則は厳密なものではなく、慣習によって使い分けられているので、この法則に合わない例外（「ごゆっくり」「お元気」など）も数多くあります。

また、「お教室」と言うと、カルチャースクールを指す場合があるように、前後の文脈によって「お」や「ご」をつけると別の意味を含んでしまうこともあるので、注意しましょう。

園児など低学年を相手に話すときには多用しても大丈夫ですが、小学校卒業のスピーチぐらいからは、必要最低限に留めるようにします。

正しい敬語の例

尊敬語（相手を敬う）	謙譲語（自分がへりくだる）	ていねい語（ていねいに表す）
お（ご）～になる	お（ご）～する	単語の頭に「お」や「ご」をつける。文末に「です」「ます」「ございます」をつける。
お（ご）～なさる	お（ご）～いたす	
お（ご）～くださる	お（ご）～いただく	

言い方が変わるおもな動詞

会う	お会いになる	お目にかかる・お会いする	会います
行く	いらっしゃる	うかがう・まいる	行きます
いる	いらっしゃる	おる	います
来る	いらっしゃる	うかがう・まいる	来ます
	おいでになる		
	お越しになる		
	お見えになる		
与える	くださる・賜る	差し上げる	与えます
言う	おっしゃる	申す・申し上げる	言います
聞く	お聞きになる	承る・うかがう・拝聴する	聞きます
知っている	ご存知	存じている	知っています
食べる	召し上がる	いただく・頂戴する・ごちそうになる	食べます
見る	ご覧になる	拝見する・見せていただく	見ます
もらう	お受けになる	いただく・頂戴する・賜る	もらいます
思う	お思いになる	存ずる	思います

敬語を使いすぎず聞き苦しさを回避

尊敬語と謙譲語の逆使いは禁物ですが、それ以外にも、敬語の言葉にさらに敬語を重ねる「二重敬語」や、敬語を使いすぎる「過剰敬語」なども聞き苦しいので避けます。

一文のなかにいくつも敬語が続く場合は、文末のみ敬語にすればすっきりとします。

「れる」「られる」は誤解されないように

尊敬語には「れる」「られる」という表現があります。しかし、これは受身、自発、可能を表す言葉としても使われます。

そのため、たとえば「先生が見られた」と言ってしまうと「先生が誰かに見られた」と受け取ることもできます。前後の文脈を考えればわかることですが、重要ではない、ちょっとした表現をいちいち考えて解釈しなければいけないというのは、聞き手にとってストレスになります。

この例で言うなら、「見られた」を「ご覧になった」という表現に変えるだけで、スムーズに聞き進めることができます。

文法的な誤りもなくすように心がけを

また、謙譲語に「させていただきます」という表現がありますが、動詞の活用によっては、「読ませていただきます」などのように、「さ」を入れない場合があるので気をつけましょう。こちらは、文脈を誤解されるものではありませんが、文法的な誤りです。

入学式や卒業式も教育課程の一環ですので、「自分は先生ではないから」と考えずに、文法的な誤りも極力なくす努力はしたいものです。

スピーチに適さない言い回しにも注意を

そのほか、日常会話でよく使われているものの、スピーチには適さない表現があります。

それは、「学校とか」や「自分的には」、「ご確認のほうお願いいたします」の、「とか」「的」「のほう」などの言葉です。これらの言葉をスピーチで使うと、軽薄な印象を持たれかねません。

「とか」は「など」、「自分的には」は「私が思いますには」、「ご確認のほう」は「ご確認のほど」のように、適切な言い回しに変えましょう。

二重敬語の例

誤
いらっしゃられる
おっしゃられた
お見えになられた
お考えになられる

正
いらっしゃる
おっしゃった
お見えになった
お考えになった

尊敬語と謙譲語の逆使いの例

誤
どうぞ申してください
先生がまいりました
私もご存知です
妻もご覧になりました

正
どうぞおっしゃってください
先生がお見えになりました
私も存じています
妻も拝見しました

過剰敬語の例

- 「先生がご熱心に部活のご指導をされていらっしゃるお姿をお見かけしました」

➡「先生が熱心に部活の指導をしている姿をお見かけしました」

- 「林間学校では興味深いお話をお聞かせいただきまして、有意義な時間を過ごさせていただきました」

➡「林間学校では興味深い話を拝聴し、有意義な時間を過ごすことができました」

「です」をほかの表現に

原則的に「です」は体言（名詞）のあとに続くていねい語です。

形容詞などの用言に続けて使うと、やや幼稚な印象になる場合があります。そのようなときには別の言い回しに変える工夫を。

「そうではないです」➡「そうではありません」
「そんなことありません」

「楽しかったです」➡「楽しい思い出です」
「楽しく過ごしました」
「楽しいものでした」

「すごかったです」➡「圧倒されました」
「驚きました」

「よかったです」➡「よかったと思いました」
「心に残りました」
「よくできました」

硬い表現、やわらかい表現の使い分け
聞き間違えやすい言葉の言い換え

―言葉のすみずみまで気を配って―

同じことを言うにしても、日本語には幅広い表現方法があります。場に合わせた表現の硬さ、誤解されない表現などにも配慮を。

年代に合わせて表現を使い分ける

同じ内容のことを表す場合でも、表現方法はいくつもあります。生徒や園児たちの年代に合わせて、適切な表現を選ぶようにしましょう。

園児や小学一年生に語りかけるようなスピーチでは、やわらかい表現が第一。

たとえば、語尾を「～ですね」「～しましょうね」「～かな」などの言葉にするだけでも、品位を保ったまま、親しみやすさのあるスピーチができます。

また、「本日」「晴天に恵まれ」などの言葉は理解できないでしょうから、「今日《きょう》」「晴れ」「いい天気」など、彼らがふだん聞き慣れている言葉を使うことも重要です。

中学三年生以上は硬めにして品位を保つ

小学六年生、中学一年生に向けては改まった言葉も使いながら話します。しかし、大人に対するのとまったく同じではなく、語尾のところどころに「ですね」など、やわらかい表現も使うようにするのがポイントです。

中学三年生以上の生徒については大人に話すのと同様、少々硬すぎるかなと思われる言い回しでも大丈夫。ただし、理解しにくいと考えられる熟語や慣用句などを使う場合は、説明を入れるようにします。

聞き違えやすい言葉はほかの表現に

スピーチの聞き手は、原稿を見ながら話を聞いているわけではありません。そのため、聞き間違えにくい言い回しが大切になります。

たとえば「皆さんが育つ過程にはさまざまな困難が～」と言ったとします。この「過程」を「家庭」と聞き違えると、「ああ、この人は、親と考えが行き違いがちになることを注意したいのだな」と別の意味に捉えてしまうことになります。

そのような勘違いを防ぐためにも、

同音異義語など、聞き違いを起こしそうな言葉は、できるだけほかの言葉に置き換えるようにしましょう。

多重否定は混乱の元 なるべく使わない

また、言葉としては聞き取れても、意味を追いかけにくいのが、否定語を重ねて使うこと。

断定を避け、遠回しに言う場面でよく使われますが、話の結果が「イエス」なのか「ノー」なのかがわかりにくくなります。

たとえば、「そうではないと言えなくもありません」と言われると、結果は「そう」なのか、「違う」なのか迷ってしまいます。この例で言うなら、「そうではない可能性もあります」と、表現を変えることで理解しやすくなります。

誤解されやすい言葉に注意

安全 ⇔ 完全　機械 ⇔ 機会
厚意 ⇔ 行為　公開 ⇔ 後悔
進取 ⇔ 真摯　生涯 ⇔ 将来
前進 ⇔ 全身　不断 ⇔ 普段
知った ⇔ 行った ⇔ 言った
一（いち） ⇔ 七（しち）
四日（よっか） ⇔ 八日（ようか）

多重否定を避ける

例1「まったく知らないわけではありません」
➡ 多少は知っています
➡ 知っています

例2「無関係ではないのかもしれませんが〜」
➡ 無関係だとは言い切れませんが
➡ 関係があるのかもしれませんが

やわらかい表現と改まった表現の例

今日（きょう） ⇔ 本日（ほんじつ）
昨日（きのう） ⇔ 昨日（さくじつ）
おととい ⇔ 一昨日（いっさくじつ）
明日（あした） ⇔ 明日（みょうにち）
あさって ⇔ 明後日（みょうごにち）
今年（ことし） ⇔ 本年（ほんねん）
去年（きょねん） ⇔ 昨年（さくねん）
ゆうべ ⇔ 昨夜（さくや）
この前 ⇔ 先日（せんじつ）、過日（かじつ）
わたし ⇔ わたくし
みんな ⇔ 皆さん、皆様、全員
あっち ⇔ あちら
どっち ⇔ どちら
だけど、でも ⇔ しかし、ですが
なんで ⇔ なぜ
そんな ⇔ そのような
いろんな ⇔ さまざまな
ちょっと、ちょっぴり ⇔ 少し、少々、やや

時候表現の文例
―話の導入には、なじみやすい季節や天候の話を―

時候のあいさつでは、時期を見極めてきちんと言葉を選ぶことが大切です。間違った表現を使わないように気をつけましょう。

スムーズに入る身近な季節の話題

季節にまつわるあいさつ文を導入部分に持ってくると、原稿もつくりやすく、聞き手の耳にも違和感なく言葉が入っていきます。

とくに園児や小学校一年生などの低学年の児童については、「今日は桜がたくさん咲いていますね」「道端に咲いていたたんぽぽ、見ましたか」などと問いかけると、話に興味を持たせやすくなります。

一般的に卒業式は三月、入学式は四月に行われ、ともに季節は春ですが、土地やその年の気候によって状況は変化します。入学式にはすでに葉桜になっている場合もあれば、卒業式に突然、雪が降るケースもあるでしょう。

用意していたあいさつ文では不自然になると感じたら、臨機応変に対応することも必要です。

時期を見極めて言葉を選ぶ

季節の言葉を使う際に気をつけなければならないのは、「春」という言葉が入っているから春を表す言葉だと決めつけないことです。

たとえば、「本日は小春日和の穏やかな一日となり」などと言ってしまうことがあります。しかし、小春日和とは、「晩秋から初冬にかけての晴れたあたたかい日」を指す言葉で、俳句では冬の季語となっています。

このように、春が入っているからといって、春を指す言葉とは限りませんし、「麦秋」のように、「秋」という単語が入っていても、五〜六月の初夏を指す場合もあります。

また、春とひと口に言っても冬に近いか、夏に近いかでも異なります。

つつじは春の花ですが、四月の終わり頃から咲き始めるので、入学式や卒業式のスピーチで使うと季節感に微妙なズレが生じます。

式それぞれの時期に適した春の言葉を選び、自分なりの表現を考えてみましょう。

春の時候のあいさつ文・表現

三月

・校庭の桜のつぼみが、新生活に期待する皆さんの心と同じようにふくらんできました。
・澄みわたった空、咲き始めた桜の花が皆さんの門出を祝っているようです。
・ちょうど親鳥からひな鳥が巣立つように、皆さんも大空へと羽ばたく日がやってきました。
・若鳥が巣箱を飛び立つように、皆さんも今日、小学校という巣箱から飛び立ちます。
・今日は皆さんの旅立ちにふさわしく、弥生の空が美しく晴れわたっています。
・うぐいすの美しい歌声が、まるで皆さんの旅立ちを祝っているかのようです。
・遠くの山々はまだ白雪に覆われていますが、ふもとはすっかりあたたかくなりました。
・草木もようやく長い冬の眠りから覚め、生命の息吹が感じられる季節となりました。
・桜前線も上昇し、春の足音がだんだん近づいています。
・桜の花が待ち遠しい季節になりました。
・春色が日ごとに加わる昨今となりました。
・春寒もようやくゆるむ日を迎えるに至りました。
・ひと雨ごとにあたたかさを増してきました。

四月

・校門の桜も今を盛りと咲き誇り、皆さんをあたたかく出迎えています。
・皆さんの新生活のスタートと一緒に、桜の開花もスタートしたようです。
・桜吹雪が美しく舞うなか、皆さんはどんな思いで校舎まで歩いてこられましたか。
・花便りも伝わる今日この頃、皆さんの入学された姿を見ることができ、嬉しく思います。
・満開の桜に春の日差しもまぶしい本日、皆さんの日にはどのように校舎が映ったでしょうか。
・緑色の新芽が太陽に照らされて光っているように、ランドセルもぴかぴかに光っています。
・うららかな日差しに包まれた今日、皆さんの胸は希望と期待でいっぱいになっていることでしょう。
・鳥たちの元気な声が、まるで春の喜びを告げているようです。
・校庭の桜ももうすぐ満開を迎えようとしています。
・あたたかい毎日を迎え、心もはずむ季節となりました。
・花屋の店先には色とりどりの春の草花が並び、にぎやかです。
・春の陽気に心躍る季節となりました。

春にまつわる用語

三月

- 早春
- 浅春《せんしゅん》
- 春暖
- 花曇《はなぐもり》
- 花冷え
- 弥生
- 啓蟄《けいちつ》
- 春寒
- 春晴《しゅんせい》
- 春色
- 春風
- 春陽
- 春情
- 孟春《もうしゅん》
- 霞《かすみ》たつ春
- 春暖快適
- 麗日《れいじつ》
- 風光る

四月

- 春暖
- 春陽
- 春粧《しゅんしょう》
- 仲春《ちゅうしゅん》
- 桜花《おうか》
- 春日《かすが》
- 春和《しゅんわ》
- 春風駘蕩《しゅんぷうたいとう》
- 春雨《はるさめ》
- 春陽麗和《しゅんようれいわ》
- 桜花爛漫《おうからんまん》
- 春たけなわ
- かげろう燃える季節
- 陽春のみぎり
- 花便りも伝わる今日この頃
- 菜種梅雨《なたねづゆ》

春の草花・生物

- 桜
- パンジー
- チューリップ
- しゃくやく
- たんぽぽ
- ヒヤシンス
- 菜の花
- ふきのとう
- マーガレット
- 沈丁花《じんちょうげ》
- 水仙
- つくし
- ポピー
- 桜草
- 矢車草
- ラン
- 忘れな草
- うぐいす
- ひばり
- 蝶

春にふわさしいそのほかの表現

- 心も晴れ晴れ
- 心を弾ませる
- 心が浮き立つ
- 心がやわらぐ
- 身も心も軽く
- 顔がほころぶ
- 嬉しい
- おだやかな陽気
- うららか
- 楽しい
- のどか
- すがすがしい
- 喜びいっぱい
- 晴れやかな
- 新しい息吹
- 躍動する
- 輝く太陽
- 風光る
- ぽかぽかとした
- スタートする

季節だけでなく天候の話でも

季節だけではなく、天候の話題も身近に感じられる話です。

雨がしとしと降っている、春一番が吹いた、ぽかぽかとした陽気など、式当日、もしくは最近の天候から話を始めます。

ここでも大切なことは、ありがちな言葉を並べるのではなく、オリジナリティを出すこと。「昨夜はピカッと雷が光ったと思ったら、ザーッと急激に雨が降り出して〜」など、擬態語を使って抑揚をつけるのもひとつの方法でしょう。

このように、スピーチの導入の季節や天候のさりげない表現で、聞き手に「そうそう、そんな感じだよね」と思ってもらえることが大切です。

最初の言葉で親しみを感じてもらえれば、そのあとに続く話も共感しながら聞いてもらいやすくなるからです。

天候にまつわる用語

- 晴天
- 突風
- 青空
- うす曇
- 日差し
- ひつじ雲
- 雲ひとつない
- 朝焼け
- あたたかい風
- お天気雨
- 澄んだ
- 七色の虹
- かすみ空
- どしゃぶり
- しとしと（雨）
- こぬか雨
- そよ風
- さえる／さえきる

天候のあいさつ文

- 空が美しく晴れ上がり、穏やかな朝を迎えることができました。
- 今日は久しぶりにあたたかい日を迎えています。
- 遠くの山々まで見わたせるくらい、晴れやかにさえきった青空です。
- 昨夜の雨がうそのように上がり、太陽が皆さんを迎えてくれました。
- 夕べはひどい雷雨でしたが、今日は雲ひとつない天気となりました。

- 晴れの舞台、最高の天気となりました。
- 本日はあいにくの雨ですが、皆さんの顔は晴れ晴れしています。
- 外は曇っていますが、皆さんの笑顔が会場いっぱいに光っています。
- あいにくの曇り空ですが、その下を歩いてくる皆さんの顔の、なんと晴れ晴れしたこと。
- ほおを伝わる風もやわらいで、日ごとに春らしくなってきました。

心に残る金言・格言・ことわざ集

―古人、偉人の知恵を活用して説得力を―

金言や格言、ことわざなどを引用することで、自分の伝えたいメッセージを明快かつ具体的に表現することができます。

表現に困ったときの頼もしいお助け役

スピーチで伝えたいテーマを具体的に表すとき、洗練された言い回しができると聞き手の心に響きやすくなります。

しかし、自分で考えてみてもうまく言い表す言葉はなかなかすぐには思い浮かばないもの。そのようなときには、格言やことわざなどの引用が有効です。

格言やことわざは耳になじみやすいだけではありません。多くの人の共感を得てきた言葉の重みが、メッセージに重みを持たせることにもなるのです。

対象年齢に応じて調整しながら使う

ただし、使う場合には新入生や卒業生の年齢への配慮を忘れずに。

年齢が低い場合にはかみくだいて解説を加えたり、あるいは元の言葉をそのまま使わずに、自分なりに言い換えたりする必要があります。

逆に、高校生などには、くどくどと解説しないほうが、スピーチが引き締まります。

もちろんどの場合も、自分はその言葉の意味を把握してから使うこと。本来の意味が調べきれない場合には、「私は、この言葉はこういうことを言いたいのだと思っています」のように、自分なりの解釈が間に入っていることがわかるようにします。

他人を攻撃するような使い方は禁物

また、ある言葉があれば、その反対の立場をとる言葉があるものです。たとえば「急《せ》いては事を仕損じる」と「思い立ったが吉日」のように。

ですから、金言やことわざなどを使う場合は、他人の考え方を攻撃したり、否定したりするような使い方は禁物です。

あくまで、自分自身ではうまく言葉にできないことを、的確に言い表しているものとして引用するのが上手な使い方です。

挑戦

● **大川や海も渡ってみてわかる。**（日本の言い伝え）

何事も、実際に当たってみないとその真価はわからないということを伝えたいときに。

● **青年は決して安全株を買ってはいけない。**（コクトー『牝鳥《めんどり》とアルルカン』より）

反対に、軽率な行動を戒める言葉もあるが、入学式や卒業式では、積極的な挑戦を促したいもの。

● **間違いを犯さなかった人とは、新しいことに挑戦しなかった人のこと。**（アインシュタイン／物理学者）

● **成功とは99％の失敗に支えられた1％である。**（本田宗一郎《ほんだそういちろう》／実業家）

前二項とも、「失敗を恐れるな」という面を強調したいときに。

● **人生における大きな喜びは、君にはできないと世間が言うことをやることである。**（バジョット／ジャーナリスト）

「皆をあっと言わせることができたら、愉快だと思わないか」と、ポジティブな表現で挑戦を促したいときに。

理想・志

● **英雄とは自分のできることをした人だ。ところが凡人は、そのできることをしないで、できもしないことを望んでばかりいる。**（ロラン『ジャン・クリストフ』より）

理想を持ったならば、その実現のために行動を起こすべきと、奮起を促したいときに。

● **心は小ならんことを欲して、志は大ならんことを欲す。**（劉安《りゅうあん》『淮南子《えなんじ》』より）

心づかいは細心で、志は高く持ちたいという意味。

● **青年よ大志を抱け！　それは金銭に対してでも、自分の利益に対してでもなく、また世の人間が名声と呼ぶあのむなしいものに対してでもない。人間が、人間として備えなければならぬ、あるゆることを成し遂げるため、青年よ、大志を抱け。**（クラーク／教育家）

● **日の光を藉《か》りて照る大いなる月たらんよりは、自ら光を放つ小さきともし火たれ。**（森鷗外《もりおうがい》『智慧袋《ちえぶくろ》』より）

● **人は理想あるがゆえに貴《とうと》かるべし。**（北村透谷《きたむらとうこく》『一種《いっしゅ》の攘夷思想《じょういしそう》』より）

前三項とも、高い志を持つことを促したいときに。

決意・覚悟

●心専《もっぱ》らならんと欲さば、石を鑿《ほ》るとも穿《うが》ちなん。

（張文成『遊仙窟』より）

そのことだけに専心すれば、硬い石にでも穴を開けられるという意味。

●大人物と小人物の差異は、一度意を決すれば死ぬまでやるという覚悟があるかないかにある。

（シェリング／哲学者）

●人はどんな高いところにでも登ることができる。しかし、それには決意と自信がなければならぬ。

（アンデルセン／童話作家）

前三項とも、何かを成し遂げようと思ったら、強い決意や信念が必要であるとストレートに訴えたいときに。

●お前の道を進め、人には勝手なことを言わせておけ。

（ダンテ／詩人・政治家）

●世の人はわれをなにともゆはゞ《ば》いへ　わがなすことはわれのみぞしる。

（坂本龍馬／志士）

前二項とも、何かを決意したならば、周囲の言葉に左右されずに信じる道を突き進め、と訴えたいときに。

●人間は自分の運命を創造するのであって、これを迎えるものではない。

（ヴィルマン／文学者）

●未来を予測する最善の方法は、自らそれを創り出すことである。

（アラン・ケイ／コンピュータ科学者・教育者）

前二項とも、自分の未来を決めるのは運命ではなく、自分の気持ち次第だということを訴えたいときに。

●探検家は、調査をしてから、やるかやらないかを決めるという方法はとりません。やると決心して調査をはじめます。やる決心をしての調査は、いかに失敗のリスクを減らすかに専心します。

（西堀栄三郎／第一次南極越冬隊の隊長）

決意があればあれこれ迷うことなく、その目標達成に向かって突き進むことができるということを示したいときに。

努力・勤勉

● **玉磨かざれば光なし。**（日本のことわざ）

「玉琢《みが》かざれば器と成らず、人学ばざれば道を知らず」と中国の書『礼記《らいき》』にもある。

● **一度に海をつくろうと思ってはならない。まず小川からつくらねばならない。**（ユダヤのことわざ）

● **ローマは一日にして成らず。**（西洋のことわざ）

● **千里《せんり》も足下《そっか》より始まり、高山も微塵《びじん》より起こる。**（白居易《はくきょい》／詩人）

前四項とも、最初から大きな成功があるわけではない、小さな積み重ねが大切であると訴えたいときに。

● **パンのほうから腹に向かっては来ない。**（ロシアのことわざ）

● **幸運に頼っているだけではいけない。幸運に力を合わせなければならない。**（ユダヤのことわざ）

前二項とも、よい結果が出ることを待っているだけではなく、よい結果を招くには自分の努力も必要であることを訴えたいときに。

● **最大の栄光は一度も失敗しないことではなく、倒れるごとに必ず起き上がることである。**（ゴールドスミス／劇作家）

失敗にくじけることなく、努力を続けることが大切だと訴えたいときに。

自省

● **己の実力の不十分なことを知ることが、自分の実力の充実になる。**（アウグスティヌス／聖職者）

● **最も賢い人とは、自分を賢いと少しも思っていない人のことだ。**（ボワロー／詩人・批評家）

前二項とも、自信過剰や慢心への警告として。

● **初心の人、二つの矢を持つ事なかれ。後《のち》の矢を頼みて、はじめの矢に等閑《なおざり》の心あり。**（吉田兼好《よしだけんこう》『徒然草』より）

次があると思うと、今やることに隙が生じがちになってしまうことへの警告として。

● **自己認識或《ある》いは自覚は一切の正しい生活の出発点である。**（三木清《みききよし》／哲学者）

まず自分を知ることからすべてが始まると伝えたいときに。

人生

● **根の茂き者は其《そ》の実遂《と》げ、膏《あぶら》の沃《あつ》き者は其《そ》の光曄《かがや》く。**

（韓愈《かんゆ》／文学者）

根が発達した樹木は実をたくさんつけ、油が十分染み込んだ灯火は輝くという意味。何事も基本が大切であることを示したいときに。

● **あやまちすな。心して降りよ。**

（吉田兼好《よしだけんこう》『徒然草』より）

弟子が高い木の上で作業している間は注意しなかった植木職人の親方が、弟子が作業を終えて軒の高さぐらいまで降りてきたときにかけた言葉。安心して気をゆるめがちになるときが一番危険であると戒めたいときに。

● **之《これ》を知ることの艱《かた》きに非《あら》ず、之《これ》を行なうこと惟《こ》れ艱《かた》し。**

（『書経』より）

物事を知ることが難しいのではなく、知ったことを実行することが難しいのだという意味。

● **たった一人しかない自分を、たった一度しかない一生を、本当に生かさなかったら、人間、生まれてきた甲斐がないじゃないか。**

（山本有三『路傍の石』より）

● **人生は一冊の書物に似ている。馬鹿者たちはそれをパラパラとめくっているが、賢い人間はそれを念入りに読む。なぜなら、彼はただ一度しかそれを読むことができないのを知っているから。**

（パウル『角笛と横笛』より）

● **人生は往復切符を発行していません。ひとたび出立したら再び帰ってきません。**

（ロラン『魅せられたる魂』より）

前三項とも、人生は一度きりであることを訴え、充実した人生を過ごしてほしいと伝えたいときに。ただし、苦労や挫折、試行錯誤のない効率的な生き方だけがよいことだと勘違いされないように、フォローすることが必要。

● **人生は退屈すれば長く、充実すれば短い。**

（シラー／詩人）

目標を見つけて充実した生き方ができていれば、暇を持て余す余裕などないと伝えたいときに。

● **人生は物語のようなものだ。重要なのはどんなに長いかということではなく、どんなによいかということだ。**

（セネカ／政治家・思想家・詩人）

人生を充実させることの大切さを伝えたいときに。

● **登山の目標は山頂と決まっている。しかし、人生の面白さはその山頂にはなく、かえって逆境の、山の中腹にある。**

（吉川英治《よしかわえいじ》『宮本武蔵』より）

●束縛があるからこそ私は飛べるのだ。／悲しみがあるからこそ高く舞い上がれるのだ。／逆境があるからこそ私は走れるのだ。／涙があるからこそ私は前に進めるのだ。

（ガンジー／インド独立の指導者）

●寒さにふるえた者ほど太陽の暖かさを感じる。人生の悩みをくぐった者ほど生命の尊さを知る。

（ホイットマン『草の葉』より）

前三項とも、苦境が人生にとってマイナスではなく、プラスのものとして捉えるべきだという例。苦しさからすぐに逃げ出すべきではないと訴えたり、過去のつらい経験が今の人生を豊かにしていると自信を与えたりするときに。

●あなたの顔を日光に向けていなさい。そうすれば陰影を見なくてすむ。いつも真理に目を向けていなさい。そうすればあなたの心から不安、心配は消える。

（ヘレン・ケラー／社会福祉事業家）

ひねくれた考え方や見方をせずに、まっすぐな心や視点を持ち続けることを訴えたいときに。

●一、世の中で一番楽しく立派なことは、一生涯を貫く仕事を持つことです。／一、世の中で一番みじめなことは、人間として教養のないことです。／一、世の中で一番寂しいことは、する仕事のないことです。／一、世の中で一番醜いことは、他人の生活をうらやむことです。／一、世の中で一番尊いことは、人のために奉仕し、決して恩にきせないことです。／一、世の中で一番美しいことは、すべてのものに愛情を持つことです。／一、世の中で一番悲しいことは、嘘をつくことです。

（「福沢心訓」）

幅広く言及しているので、全部を解説しようとしないこと。全文読んだあとは、自分のテーマに添った部分に話題を集中させる。

●別れることがなければ、めぐり逢うこともできない。

（西洋のことわざ）

卒業にともなう別れを、うしろ向きに悲しむのではなく、新しい出会いにつながるものとして、前向きに捉えてほしいときに。

逆境と希望

- 希望が人間をつくる。大いなる希望を持て。（テニソン／詩人）
- 逆境においては、人は希望によりて救われる。（メナンドロス『断片』より）
- 希望は、人を成功に導く信仰である。希望がなければ何事も成就するものではない。（ヘレン・ケラー／社会福祉事業家）

前三項とも、希望を持つことが大切であることを伝えたいときに。

- 困難のなかに機会がある。（アインシュタイン／物理学者）
- 人間の真価は逆境で輝く。（吉田松陰／思想家）
- 艱難《かんなん》は忍耐を生み、忍耐は練達を生み、練達は希望を生む。（『新約聖書』より）
- 忍耐は希望を持つための技術である。（ヴォーヴナルグ／モラリスト）

前四項とも、忍耐の先に希望があることを伝えたいときに。

- 失敗とは、より聡明に再出発するための唯一の機会である。（フォード／実業家）
- 人は何度やりそこなっても、「もういっぺん」の勇気を失わなければ必ずものになる。（松下幸之助／実業家）

前二項とも、「失敗を恐れずに」という面を強調したいときに。

- 己《おの》れの立てるところを深く掘れ、そこには必ず泉あらむ。（高山樗牛《たかやまちょぎゅう》／文芸評論家・思想家）
- 自分自身が思いついて信じることのすべては手に入れることができる。（ナポレオン・ヒル／ナポレオン財団創設者）
- 希望は永久に人間の胸に湧く。人間はいつでも幸福であることはなく、いつもこれから幸福になるのだ。（ポープ『人間論』より）
- 少年の頃の理想主義のなかに、人間にとっての真理が潜んでいる。そして少年の頃の理想主義は、何ものにもかえることができない人間の財産である。（シュバイツアー／医師）

若い人は自分の行動や考えていることが「正解」なのか、思い迷うもの。前四項とも、そのような人に、自分の信じる道を進め、と背中を押してあげたいときに。

時間

● 明日は、明日はと言って見たところで、そんな明日は何時まで待っても来やしない。今日はまた、瞬く間に通り過ぎる。
（島崎藤村《しまざきとうそん》『夜明け前』より）

● 少年老い易《やす》く学成り難し、一寸の光陰軽んずべからず。
（朱熹《しゅき》／朱子学創始者）

● 得難くして失い易《やす》き者は、時なり。
（『後漢書《ごかんじょ》』より）

前二項とも、時間は瞬く間に過ぎてゆき、取り戻すことはできないということを訴えたいときに。

● 時は金なり。
（フランクリン／物理学者・政治家）

● われわれは短い時間を持っているのではなく、実はその多くを浪費しているのである。人生は十分に長く、その全体が有効に費やされるならば、最も偉大なことをも完成できるほど豊富に与えられている。
（セネカ／政治家・思想家・詩人）

● うまく使えば、時間はいつも充分にある。
（ゲーテ／哲学者）

時間の大切さは、若い人にはなかなか実感しにくいもの。格言だけではピンと来ない場合もあるので、「ボーッと過ごした一時間は○○に使えたかもしれません」などの言葉を補い、具体的な損失のイメージをつかみやすくする工夫を。

● 明日は何とかなると思う馬鹿者。今日でさえ遅すぎるのだ。賢者はもう昨日済ましている。
（クーリー／社会学者）

● 事を行なうにあたって、いつから始めようか、などと考えているときには、すでに遅れをとっているのである。
（クィンティリアヌス／詩人）

前二項とも、時間の大切さを「時間」というキーワードを使わずに、「出遅れている」という表現をすることで切迫感を出している。

誠意

● 誠意が能力を補う。
（ムーリエ『格言の宝庫』より）

● 誠実はどこでも通用する唯一の貨幣である。
（中国の格言）

二項とも、誠意は何事にも勝ると伝えたいときに。ただし、他の美徳を否定するような言い回しにならないよう、注意が必要。

友情

● 最悪の孤独はひとりも親友がいないことである。（ベーコン／哲学者）

● 人生より友情を除くならば、世界より太陽を除くことに等しい。（キケロ／哲学者）

前二項とも、友人がいないことがどれほど不幸なことであるかを伝えたいときに。どちらもネガティブな表現なので、この言葉だけで終わりにせず、前後で友だちをつくる意欲をかきたてるような言葉でフォローすること。

● もし君が悩む友を持っているなら、君は彼の悩みに対して安息の場所となれ。（ニーチェ『ツァラトゥストラはかく語りき』より）

● 友を得る唯一の方法は、自分が人のよき友になることだ。（エマーソン／詩人）

● 友情は愛されるよりは、愛することにある。（アリストテレス／哲学者）

● 友だちの欠点を探すものは、友だちに恵まれない。（ユダヤのことわざ）

● 欠点のない友を探す者は友を持てない。（トルコの格言）

● 友人に不信を抱くことは、友人にあざむかれるよりもっと恥ずかしいことである。（ラ・ロシュフコー『箴言集《しんげんしゅう》』より）

前六項とも、友を得るための心構えとして。

● 友人とは、あなたについてすべてのことを知っていて、それにも関わらずあなたを好んでいる人のことである。（ハーバード／作家）

● 友人の果たすべき役割は、間違っているときにも味方すること。正しいときには誰だって味方になってくれるのだから。（トウェイン／作家）

● 見えないところで私のことを良く言っている人は、私の友人である。（フラー／神学者・聖職者）

前三項とも、真の友情とはこういうものだ、ということを伝えたいときに。

● 善友の怒り顔は悪友の笑顔よりも尊い。（デンマークのことわざ）

よき友人の存在は自分の向上にもつながることを伝えたいときに。

自律

● **仰ぎて天に愧《は》じず、俯《ふ》して人に怍《は》じず。**

（孟子《もうし》／儒学者）

己の行いが天にも人にも恥じることがないという意味。心にやましさを持たないようにしてほしいと訴えたいときに。

● **好事門を出でず、悪事千里を行く。**

（孫光憲《そんこうけん》『北夢瑣言《ほくむさげん》』より）

善行の評判はなかなか広まらないが、悪い評判は遠方まで伝わるという意味。

● **君の最大の敵は君以外にない。**

（ロングフェロー『断片』より）

● **自分に打ち勝つ者は、多くの街を攻め落とす戦士にまさる。**

（『旧約聖書』より）

● **馬で行くことも、車で行くことも／ふたりで行くことも、三人でいくこともできる。／だが、最後の一歩は／自分ひとりで歩かなければならない。**

（ヘッセ『独り』より）

前三項とも、家族や友人に恵まれたとしても、最終的には自分を向上させることができるかどうかは、自分自身の気持ち次第だということを訴えたいときに。

● **ある人が自由と呼ぶことも、他の人にはわがままと映る。**

（クィンティリアヌス／詩人）

自分の価値観だけが絶対ではないということを示したいときに。

● **忍耐は人の第二の勇気である。**

（スペインの格言）

忍耐も勇気のひとつだということを伝えたいときに。

● **心が変われば行動が変わる。／行動が変われば習慣が変わる。／習慣が変われば人格が変わる。／人格が変われば運命が変わる。**

（ジェームス／心理学者・哲学者）

自分の心がけを変えることは、自分の運命を変えることだと訴えたいときに。音のリズムがよいので、スピーチする際にはテンポよく続けることがコツ。

学び

● 老年になって栄養失調にならないように、若いうちに勉強しなさい。
（ダ・ヴィンチ／画家）

● 若いとき我々は学び、年をとって我々は理解する。
（エッシェンバッハ／詩人）

前二項とも、若いうちの勉強を奨励する言葉。「学校でする勉強なんか社会に出たとき役に立たない」という考え方を打ち消し、若いうちはとにかく何でも吸収せよと訴えたいときに。

● 人は決して勉強を終えることはない。
（ドイツのことわざ）

● 二十五歳までは勉強しなさい。四十歳までは研究の時代である。そして六十歳までその研究を続けなさい。
（オスラー／医師）

前二項とも、学ぶことは生涯続くことを示したいときに。オスラーは今日の医学教育の基礎を築いた人物の一人。

● 人はふたつの教育を受ける。ひとつは他人から受けるもので、もうひとつは自分が自分から受けるものである。
（ギボン／歴史学者）

● 教育は、さまざまな能力を伸ばしはするが、つくり出しはしない。
（フランスの格言）

● 疑問は、あらゆる知恵の鍵。
（アラブのことわざ）

前三項とも、学ぶことは受け身で教えてもらうことばかりではなく、自分から問題を見つけ出す姿勢が大切であるということを示したいときに。

● 知恵と力は重荷にならぬ。
（日本のことわざ）

ややくだけた言い回しをしたいときに。勉強だけをがんばるのではなく、同時に体も鍛えようという呼びかけとしても使える。

● 思索を放棄することは、精神における破産宣告だ。
（シュバイツァー／医師）

「学び」と「思索」は微妙に意味が異なるが、気をゆるめることなく勉強を続けてほしいと訴えたいときに。

● 自然は人間に一枚の舌とふたつの耳を与えた。だから人は話すことの二倍だけ聞かねばならない。
（ゼノン／哲学者）

学ぶことの大切さを説く以外に、自己主張するより先に他人の言葉に耳を傾けることの大切さを説く場合にも使える。

● 知識は、われわれが天に飛翔する翼である。
（シェイクスピア／劇作家）

● **知識は力である。**

（ドイツのことわざ）

前二項とも、知識を蓄えることの大切さを訴えたいときに。

● **知識でなく、知恵を求めよ。知識は過去の魔物だが、知恵は未来をもたらす。**（インディアン・ラムビー族の格言）

知識量ばかりではなくそれを生かすことも学ぶべきである、と訴えたいときに。ただし、学ぶ意欲に水を差さないよう、「知識でなく」の解釈に気をつける。

● **無知を恐れるなかれ。偽りの知識を恐れよ。**

（パスカル／数学者）

知ったつもりになっていると、正しい知識や新しい知識を学びにくくなることへの警告として。

人間関係

● **私の食べる物は他人が植えてくれたが、他人の将来食べる物は私が植えよう。**

（ペルシャの格言）

● **人は生きなければならないし、生かさなければならない。**

（ドイツの格言）

● **本当に幸福になれる者は、人に奉仕する道を探し求め、ついにそれを見出した者である。これが私の確信である。**

（シュヴァイツァー／医師）

前三項とも、社会で生きていくための相互扶助の精神を訴えたいときに。

● **他人を咎《とが》めんとする心を咎《とが》めよ。**

（清沢満之《きよざわまんし》／哲学者・宗教家）

寛容の気持ちを持つことを促したいときに。

● **他人はできるだけ許しなさい。自分は決して許してはならない。**

（シルス／詩人）

他人への寛容に加えて、自分自身への厳しさを持ってほしいと伝えたいときに。

正しい慣用句の言い方・使い方

—思い込みだけで誤用しないように—

スピーチでは慣用句を使う場面がよくあります。間違えやすい言葉もあるので言い回しや使い方には気をつけましょう。

慣用句の間違いは話の信用も下げる

日常会話でも慣用句はしばしば使われますが、間違った言い回しや使い方も多く見られます。

ふだん使うぶんには、だいたいの意図が伝わりさえすれば、細かいところまでは厳密に考える必要はないのかもしれません。

しかし、式典でのスピーチとなると話は別です。場合によっては、ほんのひと言間違えただけで、「こんな言葉もきちんと使えないのか」と、スピーチ全体の説得力を失うことにもなりかねません。

そうならないように、きちんとした使い方を心がけたいものです。

また、「馬から落馬した」のような重ね言葉も、無意識に口から出やすいものです。気をつけましょう。

ただし、時には、よく知られている慣用句の言い回しをわざと少し変えて、特別な意味を持たせたい場合もあるでしょう。

そのときは、ただの間違いではなく、わざとそう言ったのだとわかるような補足が必要です。

意味を間違えて使いやすい慣用句

流れに棹《さお》をさす
流れにうまく乗る、という意味の言葉。流れに逆らう、という意味ではない。

枯れ木も山のにぎわい
「くだらないものでも、ないよりはまし」という意味。場が盛り上がっている様子を表そうとして、そこに集まっている人を「枯れ木」扱いしないように注意する。

檄《げき》を飛ばす
自分の主張や考えを広く伝えること。「激励」の「激」ではないので、強い調子で励ます意味ではない。

はなむけ
出発する人に向けての励ましの言葉。迎え入れるときには使わない。

役不足
ある人に与えられた役が軽すぎること。役に対して自分の力が足りないときには「力不足」。

藁《わら》をもつかむ
頼りにならないものにでもすがりたい気持ちを表す言葉。「藁をもつかむ思いで先生に相談した」などと、先生を「頼りない藁」扱いしないように注意する。

言い方を間違えやすい慣用句

× 上には上がいる
○ 上には上がある
最近では「〜いる」でも間違いとは言えないぐらい使われているが、正しくは「〜ある」。

× 笑顔がこぼれる
○ 笑みがこぼれる
こぼれるのは笑った表情。顔ではない。

× 危機に面する
○ 危機に瀕《ひん》する
「面する」でも意味は通じるが、慣用句としては、「危機に瀕する」が正解。

× 飛ぶ鳥跡を濁さず
○ 立つ鳥跡を濁さず
これから飛び「立つ」鳥のこと。

× 的を得た
○ 的を射た
同じような意味で使う「当を得た」との混同を避ける。

× 口先三寸
○ 舌先三寸
同じような意味で使う「口先だけ」との混同を避ける。

× 公算が強い
○ 公算が大きい
「公算」とは確実性の度合いのことなので「強い」ではなく「大きい」が正解。

× 雪辱《せつじょく》を晴らす
○ 雪辱を果たす
「恨みを晴らす」との混同を避ける。

× 天下の宝刀
○ 伝家《でんか》の宝刀
「伝家の宝刀」とは家に代々伝わる大切な刀のこと。いよいよという場面で使う切り札という意味。「天下に名立たる」との混同を避ける。

× 出る釘は打たれる
○ 出る杭は打たれる
もともと物を支えたり、目印にしたりする「杭」だからこそ、人から恨まれやすいという意味。

× たわわな実がつく
○ 枝もたわわに実る
「たわわ」とは木の枝がしなう様子なので、しなった実では間違い。

意味を取り違えて言い方を間違えやすい慣用句

× 才媛《さいえん》ぞろいの兄弟姉妹
○ 才媛ぞろいの姉妹
「才媛」とは、学問に秀でた女性のこと。男性は指さない。

× 素人はだし
○ 玄人はだし
「玄人はだし」は、プロが裸足で逃げ出すということ。

× のべつ暇なし
○ のべつ幕なし
「幕なし」とは、芝居を演じ続けること。

× 汚名挽回
○ 汚名返上
「返上」とは、返すこと、受け取らないこと。「挽回」とは、取りもどしたいという気持ちが込められる。挽回するのは「名誉」。

× 偶然、落ち合った
○ 偶然、出会った
「落ち合う」は、待ち合わせているときに使う言葉。偶然なら「出会う」。

重ね言葉

× 一番最初
○ 一番はじめ／最初

× 今の現状
○ 現状／今の状況

× 思いがけないハプニング
○ ハプニング／思いがけない出来事

× 各自めいめい
○ 各自／めいめい

× 従来から
○ 従来／前から

× 第五回目
○ 第五回／五回目

× 手ほどきを教える
○ 手ほどきをする／初歩から教える

× 毎月ごと
○ 毎月／月ごと

× 被害を被《こうむ》る
○ 被害を受ける

× 犯罪を犯す
○ 罪を犯す

平成11	1999	欧州11ヵ国に単一通貨（ユーロ）導入、トキの人工孵化に成功、ソニーがAIBOの販売を発表	「ミレニアム」「カリスマ」「サッチー」「リベンジ」
12	2000	介護保険制度開始、コンピュータ2000年問題、2000円札発行、シドニーオリンピック、「ヒト・ゲノム」解読	ＩＴ革命、Ｑちゃん、「慎吾ママ」「おっはー」
13	2001	中央省庁再編、イチロー米大リーグで新人賞とMVP、USJと東京ディズニーシー開園、9.11同時多発テロ発生	狂牛病、「聖域なき改革」「米百俵」「塩じい」「抵抗勢力」
14	2002	北朝鮮拉致認める、サッカーＷカップ日韓共催、『千と千尋の神隠し』がベルリン映画祭金熊賞受賞	「悪の枢軸」「タマちゃん」「ベッカム様」「ムネオハウス」
15	2003	松井秀喜NYヤンキースと入団契約、日本郵政公社発足、六本木ヒルズオープン、イラクに自衛隊派遣決定	ＳＡＲＳ騒動、「毒まんじゅう」「マニフェスト」「バカの壁」
16	2004	金正日総書記と小泉首相が会談、年金未納議員続出、新潟中越地震、東北楽天ゴールデンイーグルス誕生	韓流、電車男、「セカチュー」「気合だー！」「サプライズ」
17	2005	愛知県で「愛・地球博」、米国産輸入牛肉再開、郵政民営化関連法案可決、ＪＲ福知山線脱線事故	「ヒルズ族」「想定内」「刺客」「フォー！」「萌え～」
18	2006	サッカーWカップドイツ大会、皇室に41年ぶり男子誕生、ワールド・ベースボール・クラシックで日本優勝	「イナバウアー」「美しい国」「ハンカチ王子」「負け組・勝ち組」
19	2007	年金記録漏れ大量発覚、PASMO運用開始、宮崎県知事に東国原英夫就任、食品偽装・虚偽表示問題相次ぐ	「ビリーズブートキャンプ」「欧米か！」「ネットカフェ難民」
20	2008	米リーマン経営破綻・金融危機、オバマ氏が米大統領に、北京五輪で日本は金9個、ノーベル賞に日本人4氏	蟹工船、「グ～！」「アラフォー」
21	2009	米アカデミー賞外国語映画賞に『おくりびと』、裁判員制度スタート、村上春樹『1Q84』がベストセラー	こども店長、事業仕分け、草食男子、派遣切り、歴女
22	2010	バンクーバー冬季五輪、宮崎で口蹄疫発生、小惑星探査機「はやぶさ」帰還、サッカーW杯南アフリカ大会	「ゲゲゲの～」、イクメン、AKB48、「ととのいました」
23	2011	東日本大震災、日本女子サッカーＷ杯優勝、地上デジタル放送完全移行、米アップル創業者S・ジョブズ死去	スマートフォン、なでしこジャパン、「絆」「3.11」
24	2012	東京スカイツリー開業、金環食、ロンドン五輪で日本は金7個、消費税法案成立、山中教授ノーベル賞受賞	「ワイルドだろぉ」、街コン、塩こうじ、タブレットPC
25	2013	長嶋茂雄氏と松井秀喜氏に国民栄誉賞、東京ディズニーランド開園30周年、TPP交渉正式参加、富士山が世界文化遺産に決定	「今でしょ！」「お・も・て・な・し」「じぇじぇじぇ」「倍返し」
26	2014	消費税5%→8%、STAP細胞問題、「富岡製糸場と絹産業遺産群」世界遺産登録、錦織圭が全米オープン準優勝	「ダメよ～ダメダメ」「ありのままで」「妖怪ウォッチ」
27	2015	大村氏と梶田氏ノーベル賞、ラグビーＷ杯で歴史的3勝、マイナンバー制度スタート、安全保障関連法成立	「五郎丸ポーズ」「爆買い」「トリプルスリー」、北陸新幹線

時事の話題を検索する資料

上記表以外にも、さまざまな出版社・新聞社が発行している年鑑には過去の主要な出来事や話題が豊富に掲載されています。また、料金はかかりますが、年鑑を掲載しているインターネットのサイトを使う方法もあります。

年鑑　『朝日年鑑』（朝日新聞社、1924～2000［休刊中］）／『読売年鑑』（読売新聞社、1977～）／『毎日年鑑』（毎日新聞社、1920～1981）／『時事年鑑』（時事通信社、1947～1994）『世界年鑑』（共同通信社、1949～）／『平凡社百科年鑑』（平凡社、1973～1999［休刊中］）／『現代用語の基礎知識』（自由国民社、1948～）／『情報 知識イミダス』（集英社、1986～）『知恵蔵 朝日現代用語』（朝日新聞社、1989～）／『データパル最新情報・用語辞典』（小学館、1989～2003［休刊中］）

インターネットのデータベース

『聞蔵』朝日新聞社（有料）http://www.asahi.com/information/db/index.html
『ヨミダス文書館』読売新聞社（有料）http://www.nifty.com/yomidas/
アット・ニフティ データベースサービス（有料）http://www.nifty.com/RXCN/
フリー百科事典『ウィキペディア（Wikipedia）』（無料）http://ja.wikipedia.org/wiki/

過去のおもな出来事・流行語

和暦	西暦	その年のおもな出来事	その年の流行／「流行語」
昭和55	1980	イラン・イラク戦争勃発、黒澤明カンヌ映画祭でグランプリ受賞、大平首相死去、校内暴力・家庭内暴力急増	漫才、ルービックキューブ、「とらばーゆ」「カラスの勝手」
56	1981	中国残留孤児初の正式来日、神戸で「ポートピア'81」、チャールズ皇太子とダイアナ嬢結婚	ブリッ子、なめネコ、クリスタル族、「ハチの一刺し」
57	1982	東京赤坂のホテル・ニュージャパン火災、日航機が逆噴射墜落、テレホンカードの使用開始、500円硬貨発行	フルムーン、「ネクラ・ネアカ」「なぜだ！」「ルンルン」
58	1983	任天堂「ファミリーコンピュータ」発売、大韓航空機が撃墜される、愛人バンク「夕ぐれ族」逮捕	AIDS、フォーカス現象、漫画・キン肉マン、「おしん」
59	1984	「ロス疑惑」報道、日本が世界一の長寿国に、グリコ・森永事件、ロサンゼルスオリンピック	エリマキトカゲ、コアラ、ラッコ、くれない族、いっき飲み
60	1985	茨城県で「科学万博つくば'85」、ソ連ペレストロイカ体制に、日航ジャンボ機御巣鷹山に墜落、大鳴門橋開通	民活、「新人類」「虎フィーバー」「激辛」「家庭内離婚」
61	1986	男女雇用機会均等法施行、チェルノブイリ原発事故発覚、チャールズ皇太子夫妻来日	「プッツン」「亭主元気で留守がいい」「やるっきゃない」
62	1987	利根川進ノーベル生理学・医学賞受賞、国鉄分割民営化、世界の人口が50億人を突破	サラダ現象、円高、霊感商法、超伝導、「ゴクミ」「マルサ」
63	1988	『ドラクエⅢ』初日で100万本を完売、青函トンネル開通、東京ドーム落成、ソウルオリンピック	異常冷夏、ミニ四駆、フロンガス「カウチポテト」「5時から男」
昭和64、平成 元	1989	昭和天皇崩御、中国・天安門事件、ドイツ・ベルリンの壁崩壊、NHK衛星放送開始、横浜ベイブリッジ開通	「オバタリアン」「セクハラ」「ケジメ」「写ルンです」
2	1990	秋篠宮ご成婚、大阪府で「花の万博」、イラク軍クウェート侵攻、東西ドイツ統一、株価暴落（バブル崩壊）	「三高」「成田離婚」「ファジー」「アッシーくん」
3	1991	湾岸戦争勃発、雲仙普賢岳で大規模な火砕流発生、南北朝鮮国連に同時加盟、横綱・千代の富士現役引退	ジュリアナ東京、「若貴」「損失補てん」「地球にやさしい」
4	1992	自衛隊海外派遣開始、育児休業法施行、バルセロナオリンピック、毛利衛飛行士エンデバーで宇宙へ	もつ鍋、きんさん・ぎんさん、「ほめ殺し」「冬彦さん」
5	1993	皇太子ご成婚、非自民連立の細川政権発足、冷夏でタイ米を緊急輸入、Jリーグ開幕、曙が外人初の横綱に	「コギャル」「規制緩和」「清貧」「イエローカード」
6	1994	リレハンメル冬季オリンピック、向井千秋飛行士宇宙へ、松本サリン事件、水不足、関西国際空港開港	「同情するなら金をくれ」「空洞化」「大往生」「価格破壊」
7	1995	阪神大震災、地下鉄サリン事件、野茂英雄メジャーリーグで活躍、ウインドウズ95日本語版が発売	「マインドコントロール」「ポアする」「安全神話」
8	1996	英で狂牛病、アトランタオリンピック、O-157猛威を振るう、薬害エイズ事件、将棋の羽生善治史上初七冠制覇	プリクラ、援助交際、「チョベリバ」「メークドラマ」
9	1997	ペルーの日本大使館事件終結、香港返還、ダイアナ妃交通事故死、金融機関の経営破綻続出、酒鬼薔薇事件	たまごっち、ポケットモンスター、もののけ姫、「貸し渋り」
10	1998	長野冬季オリンピック、サッカーWカップ初出場、郵便番号が5桁から7桁に、しし座流星群	ガングロ、厚底靴ブーム、「だっちゅーの」「老人力」

監修
佐藤允彦（さとう のぶひこ）
略歴 東京学芸大学卒。東京都公立中・高等学校教諭、教頭、校長を経て、大妻女子大学非常勤講師。全国学校教育相談研究会顧問。ＮＨＫ学校放送番組委員等歴任。
主著に『生徒に贈る珠玉の言葉』『生徒に贈る言葉の花束』（学事出版）、『進級・卒業する生徒に「贈る言葉」生きる力を育む名言・名句』（小学館）。

心に響く
入学式・卒業式のスピーチ
2018年9月2日　発行

監修者 佐藤允彦
発行者 佐藤龍夫
発行所 株式会社 大泉書店
〒162-0805 東京都新宿区矢来町27
電話　03-3260-4001（代）
FAX　03-3260-4074
振替　00140-7-1742
印刷・製本所 錦明印刷株式会社

落丁、乱丁本は小社にてお取り替えいたします。
本書の内容についてのご質問は、ハガキまたはFAXでお願いします。
URL　http://www.oizumishoten.co.jp/
ISBN978-4-278-03536-0

スタッフ

イラスト
大森郁子、角口美絵

デザイン
GRiD（八十島博明、安藤巨樹）

編集制作
株式会社 童夢

執筆協力
宇田川葉子、宇野美貴子、
漆原泉、酒井かおる、
佐藤美智代、水口陽子